Ignaz Ziegler

Die Haphtaroth der Sabbath- und Festtage

Für den Gottesdienst geordnet und frei übersetzt

Ignaz Ziegler

Die Haphtaroth der Sabbath- und Festtage
Für den Gottesdienst geordnet und frei übersetzt

ISBN/EAN: 9783743326477

Hergestellt in Europa, USA, Kanada, Australien, Japan

Cover: Foto ©ninafisch / pixelio.de

Manufactured and distributed by brebook publishing software
(www.brebook.com)

Ignaz Ziegler

Die Haphtaroth der Sabbath- und Festtage

Die Haphtaroth

der Sabbath- und Festtage.

Für den Gottesdienst geordnet und frei übersetzt

von

Dr. Ignaz Ziegler,

Rabbiner in Karlsbad.

Im Selbstverlage des Herausgebers.

Preis: fl. 1·50.

Wien, 1891.

Druck von Adolf Fanto,

IX., Liechtensteinstraße 5.

Der israelitischen Cultusgemeinde

in

Karlsbad

dankbar

gewidmet.

Vorwort.

Als ich in meiner Gemeinde die Reform der deutschen
Haphtara einführte, sah ich mich zu sorgfältiger Vorbereitung
gedrungen. — Ist doch das Ziel dieser Neuerung: Hebung
der Andacht; will doch der Rabbiner durch das Vorlesen der
Haphtara anregen, oft begeisternd wirken und das ist ohne
Vorbereitung unmöglich. Wer im Momente des Lesens den
passenden Ausbruck, die rechte Wendung sucht, der wird weder
verständig, noch schön lesen und zwecklos reformiren ist doch
unverantwortlich. — Man kann sich jedoch auch mit genauer,
pünktlicher Vorbereitung noch nicht zufrieden geben. Seitdem
das Thoravorlesen — eher zum Nutzen der Aesthetik, als der
Andächtigen — aus der Mitte des Tempels zur Bundeslade
geschoben wurde, hat dieser Theil des Gottesdienstes, besonders
in großen Räumen, viel von seinem Werthe verloren. Was
nützt die sorgfältigste Vorbereitung, wenn das Publikum die
Worte nicht recht hört? und wenn schon, dann aber den ihm
ungewohnten prophetischen Styl gar nicht recht versteht? —
Mitlesen aber erleichtert das Verständnis und behebt nahezu
gänzlich die obgenannten Schwierigkeiten. — Das ist der Zweck
dieses Buches. Es bilde eine Ergänzung und Ver-
vollständigung des modernen Ritus, zu
Nutzen und Frommen der Gemeindemitglie-
der und zugleich ein bequemes Handbuch des
Rabbiners.

Die Bedingungen der Ausarbeitung liegen im Zwecke.

Die erste Aufgabe meiner Uebersetzung ist, daß sie allge-
mein verständlich und gefällig sei; wird auch mit Recht eine
exegetisch correcte verlangt, so ist doch diese Forderung hier
nicht an erste Stelle zu setzen. — Ich ließ daher vor Allem die
übliche Verseneintheilung fallen, denn ihre, für uns so oft
unlogische Willkür stört den Leser und verwirrt ihn, läßt ihn
oft jeden Zusammenhang vermissen.

Da die beim Gottesdienste Versammelten moderne Leute
sind, die zumeist jedes Verständnis für den hebräischen Styl,

mit seinen Parallelen und fremdartigen Gleichnissen verloren haben, so mußte ich eine mehr inhaltliche, als wörtliche Wiedergabe veranstalten: es mußte eine f r e i e Uebersetzung werden; Gleichnisse kürzte ich da, dort erweiterte und führte ich sie aus, manche brachte ich gar nicht, Massenparallelen schob ich zusammen. — Namen gab ich oft nicht wieder, das allzuscharf Nationale glättete und verallgemeinerte ich hie und da nach Sinn und Thunlichkeit, modernem Bedürfnisse entsprechend. So mußte die Uebersetzung eine c o m m e n t a r i s c h e werden, doch glaube ich nicht in den Text hineingedeutet zu haben, was nicht inhaltlich in ihm zu finden war. — Dies über die Ausarbeitung in Bezug auf die prophetischen Haphtaroth.

Radikal vorzugehen war ich bei den geschichtlichen Haphtaroth gezwungen, denn sie interessiren wenig oder gar nicht. Handeln sie von Personen, dann lassen sie sich noch zu religiösen Zwecken ausbeuten, umformen, doch mit Schilderungen über den Tempelbau und ähnlichen Abschnitten läßt sich schon gar nichts anfangen. Statt der gebräuchlichen, andere Haphtaroth einzuführen, wäre wohl am besten, doch solches könnte nur eine Synode, nicht aber ein Einzelner beschließen. Ich durfte nur zur Kürzung greifen und von dieser machte ich auch reichen Gebrauch.

In dem Bestreben, gläubigen Sinn, nicht aber das Lächeln der Skepsis zu erwecken, war ich des Oefteren zur Vorsicht gemahnt und beschränkte mich oft nur auf das Wesentlichste.

Daß so manche Uebesetzung in dieser Sammlung nicht nach Wunsch gelungen ist, bin ich mir selbstbewußt; doch Stellen mißverstehen, wie das Gebet Chabakuks und ähnliche, wird noch Manchem und auch Besserem widerfahren. Als Vorlage diente mir keinerlei Uebersetzung, nur manchmal nahm ich die Zunzbibel und bei den Haphtaroth der Festtage Heidenheim zur Hand. — Doch gestehe ich auch jede andere Autorschaft von vornherein gerne zu, denn es liegt nicht in meiner Absicht ein Novum zu geben. — Gelingt es meinem Werkchen, als Handbuch in den Gemeinden eingeführt zu werden, dann hat es seinen Zweck vollständig erreicht.

Karlsbad, im Januar 1891.

Dr. J. Ziegler,
Rabbiner.

Die Haphtaroth
für das erste Buch Mosis.

בָּרוּךְ אַתָּה יְיָ אֱלֹהֵינוּ מֶלֶךְ הָעוֹלָם, אֲשֶׁר בָּחַר
בִּנְבִיאִים טוֹבִים, וְרָצָה בְדִבְרֵיהֶם הַנֶּאֱמָרִים בֶּאֱמֶת:
בָּרוּךְ אַתָּה יְיָ, הַבּוֹחֵר בַּתּוֹרָה וּבְמֹשֶׁה עַבְדּוֹ,
וּבְיִשְׂרָאֵל עַמּוֹ וּבִנְבִיאֵי הָאֱמֶת וָצֶדֶק:

בָּרוּךְ אַתָּה יְיָ, אֱלֹהֵינוּ מֶלֶךְ הָעוֹלָם, צוּר כָּל-
הָעוֹלָמִים, צַדִּיק בְּכָל-הַדּוֹרוֹת, הָאֵל הַנֶּאֱמָן הָאוֹמֵר
וְעוֹשֶׂה, הַמְדַבֵּר וּמְקַיֵּם, שֶׁכָּל דְּבָרָיו אֱמֶת וָצֶדֶק:
נֶאֱמָן אַתָּה הוּא יְיָ אֱלֹהֵינוּ, וְנֶאֱמָנִים דְּבָרֶיךָ
וְדָבָר אֶחָד מִדְּבָרֶיךָ אָחוֹר לֹא יָשׁוּב רֵיקָם, כִּי אֵל
מֶלֶךְ נֶאֱמָן וְרַחֲמָן אָתָּה. בָּרוּךְ אַתָּה יְיָ, הָאֵל הַנֶּאֱמָן
בְּכָל דְּבָרָיו:
רַחֵם עַל-צִיּוֹן כִּי הִיא בֵּית חַיֵּינוּ, וְלַעֲלוּבַת
נֶפֶשׁ תּוֹשִׁיעַ בִּמְהֵרָה בְיָמֵינוּ. בָּרוּךְ אַתָּה יְיָ, מְשַׂמֵּחַ
צִיּוֹן בְּבָנֶיהָ:
שַׂמְּחֵנוּ יְיָ אֱלֹהֵינוּ בְּאֵלִיָּהוּ הַנָּבִיא עַבְדֶּךָ,
וּבְמַלְכוּת בֵּית דָּוִד מְשִׁיחֶךָ, בִּמְהֵרָה יָבֹא וְיָגֵל
לִבֵּנוּ עַל-כִּסְאוֹ לֹא יֵשֵׁב זָר, וְלֹא-יִנְחֲלוּ עוֹד אֲחֵרִים
אֶת-כְּבוֹדוֹ, כִּי בְשֵׁם קָדְשְׁךָ נִשְׁבַּעְתָּ לּוֹ שֶׁלֹּא יִכְבֶּה
נֵרוֹ לְעוֹלָם וָעֶד. בָּרוּךְ אַתָּה יְיָ מָגֵן דָּוִד:

עַל הַתּוֹרָה וְעַל הָעֲבוֹדָה, וְעַל הַנְּבִיאִים וְעַל
יוֹם הַשַּׁבָּת הַזֶּה.

לראש השנה: וְעַל יוֹם הַזִּכָּרוֹן הַזֶּה.

ליום כפור: וְעַל יוֹם הַכִּפּוּרִים הַזֶּה.

לסכות: וְעַל יוֹם חַג הַסֻּכּוֹת הַזֶּה.

לשמיני עצרת ושמחת תורה: וְעַל יוֹם הַשְּׁמִינִי חַג הָעֲצֶרֶת הַזֶּה.

לפסח: וְעַל יוֹם חַג הַמַּצּוֹת הַזֶּה.

לשבועות: וְעַל יוֹם חַג הַשָּׁבֻעוֹת הַזֶּה.

שֶׁנָּתַתָּ לָּנוּ יְיָ אֱלֹהֵינוּ לִקְדֻשָּׁה וְלִמְנוּחָה (יום כפור:
לִמְחִילָה וְלִסְלִיחָה וּלְכַפָּרָה; יום טוב: לְשָׂשׂוֹן וּלְשִׂמְחָה) לְכָבוֹד
וּלְתִפְאָרֶת: עַל הַכֹּל יְיָ אֱלֹהֵינוּ אֲנַחְנוּ מוֹדִים לָךְ,
וּמְבָרְכִים אוֹתָךְ יִתְבָּרַךְ שִׁמְךָ בְּפִי כָּל־חַי תָּמִיד
לְעוֹלָם וָעֶד : (ראש השנה ויום כפור: וּדְבָרְךָ אֱמֶת וְקַיָּם לָעַד:)
בָּרוּךְ אַתָּה יְיָ (ראש השנה ויום כפור: מֶלֶךְ עַל־כָּל־הָאָרֶץ:) מְקַדֵּשׁ
הַשַּׁבָּת :

ראש השנה: וְיִשְׂרָאֵל וְיוֹם הַזִּכָּרוֹן.

יום כפור: וְיִשְׂרָאֵל וְיוֹם הַכִּפּוּרִים.

יום טוב: וְיִשְׂרָאֵל וְהַזְּמַנִּים.

בְּרֵאשִׁית.

(Jesaia 42, 5—25; 43, 1—10.)

כֹּה־אָמַר הָאֵל | יְהֹוָה בּוֹרֵא הַשָּׁמַיִם וְנוֹטֵיהֶם
רֹקַע הָאָרֶץ וְצֶאֱצָאֶיהָ נֹתֵן נְשָׁמָה לָעָם עָלֶיהָ וְרוּחַ
לַהֹלְכִים בָּהּ: אֲנִי יְהֹוָה קְרָאתִיךָ בְצֶדֶק וְאַחְזֵק
בְּיָדֶךָ וְאֶצָּרְךָ וְאֶתֶּנְךָ לִבְרִית עָם לְאוֹר גּוֹיִם: לִפְקֹחַ
עֵינַיִם עִוְרוֹת לְהוֹצִיא מִמַּסְגֵּר אַסִּיר מִבֵּית כֶּלֶא
יֹשְׁבֵי חֹשֶׁךְ:

So spricht der Herr, Der die Himmel erschaffen und sie ausgespannt, die Erde ausgedehnt mit ihren Sprößlingen, Der den Menschen die Seele gegeben, Lebenshauch den Erbbewohnern:

Ich, der Herr, habe dich, o Israel, berufen, faßte deine Hand und setzte dich ein zum Bunde, zur Leuchte der Völker, daß du öffnest die Augen der Blinden, herausführst aus geistigem Kerker die Gefesselten, die im Finstern Irrenden. So wahr mein Name Adonaj! meine Herrlichkeit wird keinem andern, meine Majestät keinem Götzen zu Theil. — Was Ich, der Herr, einst voraussagen ließ, siehe, es ist eingetroffen; nun verkünde Ich Neues, ehe es hervorkeimt, mache Ich es kund: singen wird man dem Ewigen ein neues Lied, sein Lob an allen Enden der Erde; die Schiffer wie die Inselbewohner, die Wüsten und Städte, die Dorf= und Zeltebewohner, selbst die zwischen Felsen hausen, werden von den Spitzen ihrer Berge dem Ewigen zujauchzen. Denn gleich einem Krieger zieht aus der Herr, gleich einem Helden läßt Er Kriegsruf ertönen, besiegt seine Feinde. — Habe Ich, der Herr, bis nun geschwiegen, an Mich gehalten, so will ich nun in meinem Zorne Berge und Hügel verwüsten, lasse Ströme Inseln werden und Teiche trockne Ich aus, will

Blinde unbekannte Wege führen, wandle die Finsterniß vor
ihnen in Licht, Krümmungen zu Ebenen, auf daß endlich be=
schämt zurücktreten, die auf Götzen vertrauten, die einem ge=
gossenen Bilde zurufen: du bist unser Gott, daß endlich auch
die Tauben hören, die geistig Erblindeten Einsicht gewinnen. —
Doch nun! wer ist blinder als mein Knecht, wer ist
unwilliger zu hören als der, den als Boten ich aussenden
wollte? wer ist weniger einsichtig als der vollkommen und Gottes
Knecht sein sollte? Wie Vieles hat Israel, mein Knecht, schon
geschaut, um der Erkenntniß sein Herz zu öffnen, doch es will
nicht horchen, will nicht erkennen, daß der Herr seiner begehrt
nur des Rechteswegen, nur zur Verbreitung und Verherrlichung
seiner Lehre und es bleibt lieber ein beraubtes, geplündertes Volk,
liegt in Höhlen umgarnt, in Gefängnissen verborgen, bis es
zur Beute ohne Rettung wird, zur Plünderung und keiner
spricht: „Gib zurück." — O, daß ihr dies höret, vernehmet,
beherziget für die Folgezeit. Wer war es denn, der Jakobs
Haus der Plünderung preisgegeben, Israel den Beutegierigen?
War's nicht der Herr, gegen Den wir gesündigt, dessen Wege
wir nicht wandeln, dessen Lehren wir nicht befolgen wollten?
Hat nicht Er die Gluth seines Zornes über uns ausgegossen?
Hat nicht Er des Krieges Gewalt um uns aufflammen lassen,
wir aber merkten nichts?! schon brannte es an uns, wir aber
nahmen's nicht zu Herzen!
Und trotz alledem ruft dir, o Israel, dein Schöpfer und
Bildner zu: fürchte nichts! Ich rufe dich beim Namen, erlöse
dich, denn Mir gehörst du an. Wenn du durch Wasser ziehen
sollst, so werden Ströme dich nicht überfluthen, Feuer soll dich
nicht versengen, Flammen dich nicht brennen. Denn Ich der Herr,
der Heilige Israels, bin dein Helfer, dein Retter, weil du theuer
bist in meinen Augen und Ich dich liebe. Darum fürchte nicht,
Ich bin mit dir, von allen Weltgegenden versammle Ich deine
Brüder, will zum Norden und Süden sprechen: lasset sie frei,
haltet sie nicht zurück! Sendet meine Söhne von der Ferne,
meine Töchter vom Ende der Erde, Alle, die Mich anrufen,
denn zu meiner Verherrlichung habe Ich sie geschaffen und ge=
bildet. Sendet nur hinaus, mein trotz seiner Augen blindes Volk,
mein ungehorsames Israel. Dann mögen sich auch alle andern
Nationen versammeln, ob auch nur eine von ihnen diese Vergan=

genheit verkünde, solche Zukunft vorausgesehen, mögen sie ihre Zeugen bringen für ihr Recht; so aber nicht, dann dies hören und sprechen: „Das ist die Wahrheit." Dann werdet ihr Völker alle meine Zeugen sein und auch du, Jsrael, das Jch erwählt und bekennen wird Alles und einsehen, daß Jch der Herr bin, vor Mir ward kein Gott gebildet und nach Mir wird keiner sein.

הוֹצִיא עַם־עַוֵּר וְעֵינַיִם יֵשׁ וְחֵרְשִׁים וְאָזְנַיִם
לָמוֹ: כָּל־הַגּוֹיִם נִקְבְּצוּ יַחְדָּו וְיֵאָסְפוּ לְאֻמִּים מִי
בָהֶם יַגִּיד זֹאת וְרִאשֹׁנוֹת יַשְׁמִיעֻנוּ יִתְּנוּ עֵדֵיהֶם
וְיִצְדָּקוּ וְיִשְׁמְעוּ וְיֹאמְרוּ אֱמֶת: אַתֶּם עֵדַי נְאֻם־יְהֹוָה
וְעַבְדִּי אֲשֶׁר בָּחָרְתִּי לְמַעַן תֵּדְעוּ וְתַאֲמִינוּ לִי וְתָבִינוּ
כִּי־אֲנִי הוּא לְפָנַי לֹא־נוֹצַר אֵל וְאַחֲרַי לֹא־יִהְיֶה:

(Jesaia 54, 1—17; 55, 1—5.)

רָנִּי עֲקָרָה לֹא יָלָדָה פִּצְחִי רִנָּה וְצַהֲלִי לֹא־
חָלָה כִּי־רַבִּים בְּנֵי־שׁוֹמֵמָה מִבְּנֵי בְעוּלָה אָמַר יְהֹוָה:
הַרְחִיבִי | מְקוֹם אָהֳלֵךְ וִירִיעוֹת מִשְׁכְּנוֹתַיִךְ יַטּוּ אַל־
תַּחְשֹׂכִי הַאֲרִיכִי מֵיתָרַיִךְ וִיתֵדֹתַיִךְ חַזֵּקִי: כִּי־יָמִין
וּשְׂמֹאול תִּפְרֹצִי וְזַרְעֵךְ גּוֹיִם יִירָשׁ וְעָרִים נְשַׁמּוֹת
יוֹשִׁיבוּ:

Jauchze, brich aus in Jubel, o Jsrael! Erweitere den Raum, spanne weit aus die Umhänge deiner Zelte, halte nicht inne! Dehne deine Seile, schlage weiter deine Pflöcke ein! Denn rechts und links sollst du dich einst ausbreiten, deine Nachkommen werden Völker vertreiben und wüste Städte wohn= bar machen. Darum zage nicht, Jsrael! Du wirst doch nicht zu Schanden werden, schäme dich nicht, du wirst nicht erröthen brauchen; — vergessen wirst du die Schmach, die in deiner Jugend dir angethan worden, wirst nicht g edenken der Be= schämung, als gleich einer Witwe du vereinsamt standest. Denn der Herr, dein Schöpfer, ist dir wie ein Gatte. Er, der Hei= lige Jsraels, der ganzen Erde Herr, ist dein Erlöser; gleich wie der Gatte sein früher verlassenes, betrübtes, von ihm einst verachtetes Weib doch wieder sehnend zurückruft, sie, die Genossin seines Jugendglückes, so wird auch Gott in seiner großen Gnade Jsrael wieder um Sich versammeln, sein für einen kurzen Augenblick verstoßenes Volk, und verbarg Er auch sein Antlitz für eine kurze spanne Zeit zornig vor uns, in seiner ewigen Gnade wird Er sich unser wieder erbarmen, unser Erlöser, der Herr! Denn so spricht der Herr: Wie Ich dem Noah zu= geschworen habe, keine Sintfluth über die Erde zu schicken, so schwur Ich auch, über Jsrael nicht dauernd zu zürnen, es nicht

ewig zu bedräuen; eher werden Berge wanken und Hügel
weichen, als mein Erbarmen, mein Friedensbund von dir, o
Israel! Bist du nun auch verarmt, beraubt, trostlos, einst
wirst du glänzen und funkeln wie in Saphir eingelegt. Deine
Kinder werden Schüler Gottes heißen und groß wird der
Frieden unter ihnen sein; auch dir wird einst Gerechtigkeit wider=
fahren, du sollst einst nicht rohe Gewalt fürchten brauchen,
auch dir bleibt einst der Schrecken fern; und rotten sich auch
Manche gegen dich, sie sind gleich einem Nichts, es fällt ein
Jeder, der wider dich sich rüstet! Siehe, Ich habe den Schmied
erschaffen, der die Kohlengluth anfacht und das tödtliche Werkzeug
hervorbringt, Ich erschuf den Verderber, auszurotten, doch jedes
Schwert, gegen dich geschmiedet, wird fruchtlos, jede Lästerzunge,
gegen dich gerichtet, wirst du Lügen strafen. Das sei das Erb=
gut, der Knechte Gottes, das ihr Verdienst von Mir — so spricht
der Herr. Darum kommet alle, ihr Mittellosen, Dürftige und
Hungrige! kommet, hier bei Mir, euerem Gotte ist Nahrung,
Vorrath, Wein und Milch ohne Kaufpreis. Wozu wäget ihr Gold?
wollt erwerben, ohne sättigendes Brod zu erhalten? Höret auf
Mich, eueren Herrn, dann allein werdet ihr Gutes ge=
nießen, dann allein wird auch euere Seele frohlocken.
Neiget euch, kommet zu Mir, daß auflebe euere Seele; einen
ewigen Bund will Ich mit euch schließen, wie er sich einst mit
meinem treuen Knechte David bewährte. So wie Ich ihn zum
Gesetzgeber der Völker bestellte, zum Fürsten und Befehlshaber
der Nationen, so wirst auch du, Israel, unbekannten Völkern
zurufen, fremde Nationen werden zu dir hineilen, Gott zu ehren,
den Heiligen Israels, durch Den auch du verherrlicht wirst!

הַטּוּ אָזְנְכֶם וּלְכוּ אֵלַי שִׁמְעוּ וּתְחִי נַפְשְׁכֶם
וְאֶכְרְתָה לָכֶם בְּרִית עוֹלָם חַסְדֵי דָוִד הַנֶּאֱמָנִים:
הֵן עֵד לְאֻמִּים נְתַתִּיו נָגִיד וּמְצַוֵּה לְאֻמִּים: הֵן
גּוֹי לֹא־תֵדַע תִּקְרָא וְגוֹי לֹא־יְדָעוּךָ אֵלֶיךָ יָרוּצוּ
לְמַעַן יְהוָֹה אֱלֹהֶיךָ וְלִקְדוֹשׁ יִשְׂרָאֵל כִּי פֵאֲרָךְ:

לֶךְ־לְךָ׃

(Jeſaia 40, 27—31; 41, 1—16.)

לָמָּה תֹאמַר יַעֲקֹב וּתְדַבֵּר יִשְׂרָאֵל נִסְתְּרָה
דַרְכִּי מֵיְהֹוָה וּמֵאֱלֹהַי מִשְׁפָּטִי יַעֲבוֹר׃ הֲלוֹא יָדַעְתָּ
אִם־לֹא שָׁמַעְתָּ אֱלֹהֵי עוֹלָם ׀ יְהֹוָה בּוֹרֵא קְצוֹת
הָאָרֶץ לֹא יִיעַף וְלֹא יִיגָע אֵין חֵקֶר לִתְבוּנָתוֹ׃ נֹתֵן
לַיָּעֵף כֹּחַ וּלְאֵין אוֹנִים עָצְמָה יַרְבֶּה׃

O Iſrael! Wie darfſt du nur ſprechen: „Verborgen iſt
mein Weg vor dem Herrn, mein gutes Recht geht unbeachtet
an Gott vorüber!“ Weißt du es etwa nicht oder vernahmſt
du es nicht, daß der Herr der Welt, der Schöpfer der Erde,
nicht raſtet noch ermüdet, daß ſeine Einſicht unburchforſchlich,
daß er den Matten ſtärkt, den Kraftloſen ſehnig macht, aber
auch Jünglinge erlahmen, Auserleſene ſtraucheln läßt? Nur
den Gottesfürchtigen allein erneuert Er den Muth, daß ſie
gleich Adlern empor ſich ſchwingen;—ob ſie gehen oder ſtürmen,
ſie ermüden und ermatten nicht. — Horchet, Völker! auf meine
Worte, ihr Nationen! rüſtet euch mit neuer Kraft, tretet näher,
ſprechet, forſchen wir nach dem Rechte! Antwortet! Wer iſt es,
der den gerechten König erweckt, ihn als ſeinen Stellvertreter
beruft, Völker und Könige vor ihm niederſtreckt, ihm unterjocht,
daß dem Staube gleich, ſo raſch ſein Schwert ſei, ſein Pfeil
allbebend, wie fliegende Stoppeln? daß er alle Feinde verfolge,
daß er friedlich Wege ziehe, die kein Wanderer vor ihm gegangen?
Wer hat all' dies vollzogen? Wahrlich, der Weltenſchöpfer von
Urbeginn! Er, der Herr, der Erſte und Letzte! — So dies
die Völker einſehen,—da wird Furcht ſie beſchleichen, es erbeben
die Ecken der Welt; Alle verſammeln ſich, wollen einander
helfen, einander ermuthigen; es will der Schmied den Schmel=
zer, der Amboßſchläger den Hammerglätter ermuthigen, meinen

dann, ihre Verbindung wäre sicher, kann nicht wanken. —
Du aber, Israel, mein Knecht, den Ich erwählet, Nachkomme
Abrahams, mein Geliebter, dem Ich Kraft verleihen will überall und einst von den Weltenden versammle, dem Ich's zugeschworen habe, — dich meinen auserlesenen Diener verwerfe ich
nimmer, du fürchte nicht, denn mit dir bin Ich, zage nicht,
denn Ich bin dein Gott, will dir beistehen, dir helfen, dich
stützen mit meinem gerechten Arme, daß einst zu Schanden werden alle deine Widersacher, gleich einem Nichts verschwinden
deine Feinde; suchen wirst du deine Peiniger, wirst sie nicht
mehr finden, denn wie ein Hauch vergehen deine Bekrieger,
denn Ich dein Gott wappne deine Rechte, rufe dir zu: Zage
nicht, meine Hilfe ist mit dir. — Achtet man dich auch dem
Wurme gleich, o Israel! und bist du auch gering, Ich, der
Heilige Israels, stütze und erlöse dich. Dich mache Ich noch
einst zu einer neuen, zweischneidigen Sense, du wirst noch Berge
zertreten und zermalmen, wirst noch Hügel zu Spreu machen,
daß sie der Wind entführe, der Sturm zerstreue und all dies,
damit du deines Gottes dich freuest, deines Heiligen, des
Ewigen dich rühmest.

אַל־תִּירְאִי תּוֹלַעַת יַעֲקֹב מְתֵי יִשְׂרָאֵל אֲנִי
עֲזַרְתִּיךְ נְאֻם־יְהוָה וְגֹאֲלֵךְ קְדוֹשׁ יִשְׂרָאֵל: הִנֵּה
שַׂמְתִּיךְ לְמוֹרַג חָרוּץ חָדָשׁ בַּעַל פִּיפִיּוֹת תָּדוּשׁ
הָרִים וְתָדֹק וּגְבָעוֹת כַּמֹּץ תָּשִׂים: תִּזְרֵם וְרוּחַ תִּשָּׂאֵם
וּסְעָרָה תָּפִיץ אֹתָם וְאַתָּה תָּגִיל בַּיהוָה בִּקְדוֹשׁ
יִשְׂרָאֵל תִּתְהַלָּל:

וַיֵּרָא.

(König II. 4, 1—37.)

וְאִשָּׁה אַחַת מִנְּשֵׁי בְנֵי־הַנְּבִיאִים צָעֲקָה אֶל־
אֱלִישָׁע לֵאמֹר עַבְדְּךָ אִישִׁי מֵת וְאַתָּה יָדַעְתָּ כִּי
עַבְדְּךָ הָיָה יָרֵא אֶת־יְהוָֹה וְהַנֹּשֶׁה בָּא לָקַחַת אֶת־
שְׁנֵי יְלָדַי לוֹ לַעֲבָדִים: וַיֹּאמֶר אֵלֶיהָ אֱלִישָׁע מָה
אֶעֱשֶׂה־לָּךְ הַגִּידִי לִי מַה־יֶּשׁ־לָכִי בַּבָּיִת וַתֹּאמֶר אֵין
לְשִׁפְחָתְךָ כֹל בַּבַּיִת כִּי אִם־אָסוּךְ שָׁמֶן: וַיֹּאמֶר
לְכִי שַׁאֲלִי־לָךְ כֵּלִים מִן הַחוּץ מֵאֵת כָּל־שְׁכֵנָיִךְ
כֵּלִים רֵקִים אַל־תַּמְעִיטִי:

Einst kam eine Prophetensgattin zu Elischá, dem Gottes-
manne und flehte ihn an: „Mein Mann, den du als Gottesfürchtigen kanntest, starb und nun kam der Gläubiger und
machte sich zu Leibeigenen meine beiden Söhne.“ Da antwortete
der Prophet: „Gerne bin ich bereit, Etwas für dich zu thun,
hast welches Geräthe du im Hause?“ Sie erwiderte: „Keines,
außer einer Oelkanne.“ Darauf rieth ihr der Prophet, von
allen Nachbarinnen leere Gefäße auszuborgen, sodann von ihrem
wenigen Oele in jede Kanne zu gießen. Sie that es und alle
füllten sich bis an den Rand. Nachher befahl ihr der Mann
Gottes, das Oel zu verkaufen, ihre beide Söhne zu befreien,
der Rest des Erlöses bleibe ihr noch für die kommenden Tage.
— Es kam auch der Prophet Elischa nach der Stadt Schuném,
wo er stets im Hause einer angesehen Familie sich aufhielt.
Die Frau des Hauses erkannte in ihm den Gottesmann und
sprach zu ihrem Gatten: „Laß uns ein kleines Gemach mit
Bett, Tisch, Stuhl und Armleuchter für ihn bereit halten, daß
er da einziehe. so oft er kömmt.“ Und Elischa stieg auch immer
da ab. Einst frug er die Frau, mit was er ihre Freundschaft

lohnen könnte? Sie erwiderte: „Es mangelt mir an nichts, wohne ich doch unter guten Stammesleuten!" Diese Frau hatte nun einen einzigen Sohn. Einst ging der Knabe mit dem Vater aufs Feld; sein Haupt war unbedeckt und die Sonne sandte glühende Strahlen zur Erde. Plötzlich schrie der Knabe auf: „Mein Kopf, mein Kopf!" und sank wie todt zu Boden. Man brachte ihn nach Hause, wo er in todesähnlicher Erstarrung lange Zeit lag. Da faßte seine Mutter einen Plan, ließ rasch satteln und eilte dem Berge Karmel zu, wo sich der Gottesmann gewöhnlich aufhielt. Als der Prophet ihrer ansichtig wurde, hieß er seinem Diener, ihr entgegeneilen und sich nach ihrem und dem Wohlbefinden ihrer Familie zu erkundigen. Sie aber antwortete auf die Frage des Dieners nicht, eilte hin zum Gottesmann, warf sich vor ihm auf die Kniee und klagte ihm ihr bitteres Leid. Der Prophet wollte seinen Diener schicken, sie aber drang in ihn, bis er selbst hinging. Als er in's Zimmer trat, wo der Knabe in seiner Erstarrung lag, da flehte er erst zu Gott, dem Kinde Heilung, der Mutter Trost bringen zu können. Und es gelang ihm. Da ließ er die Frau rufen und sprach: „Hier, nimm deinen Sohn!" Sie aber fiel vor ihm zur Erde, dann nahm sie ihr Kind und eilte mit ihm aus dem Gemache.

וַיָּשָׁב וַיֵּלֶךְ בַּבַּיִת אַחַת הֵנָּה וְאַחַת הֵנָּה וַיַּעַל
וַיִּגְהַר עָלָיו וַיְזוֹרֵר הַנַּעַר עַד־שֶׁבַע פְּעָמִים וַיִּפְקַח
הַנַּעַר אֶת־עֵינָיו: וַיִּקְרָא אֶל־גֵּיחֲזִי וַיֹּאמֶר קְרָא
אֶל־הַשֻּׁנַמִּית הַזֹּאת וַיִּקְרָאֶהָ וַתָּבֹא אֵלָיו וַיֹּאמֶר
שְׂאִי בְנֵךְ: וַתָּבֹא וַתִּפֹּל עַל־רַגְלָיו וַתִּשְׁתַּחוּ אָרְצָה
וַתִּשָּׂא אֶת־בְּנָהּ וַתֵּצֵא:

חַיֵּי שָׂרָה.

(מֶלֶךְ I. 1, 1—31.)

וְהַמֶּלֶךְ דָּוִד זָקֵן בָּא בַּיָּמִים וַיְכַסֻּהוּ בַּבְּגָדִים וְלֹא
יִחַם לוֹ: וַיֹּאמְרוּ לוֹ עֲבָדָיו יְבַקְשׁוּ לַאדֹנִי הַמֶּלֶךְ
נַעֲרָה בְתוּלָה וְעָמְדָה לִפְנֵי הַמֶּלֶךְ וּתְהִי-לוֹ סֹכֶנֶת
וְשָׁכְבָה בְחֵיקֶךָ וְחַם לַאדֹנִי הַמֶּלֶךְ: וַיְבַקְשׁוּ נַעֲרָה
יָפָה בְּכֹל גְּבוּל יִשְׂרָאֵל וַיִּמְצְאוּ אֶת-אֲבִישַׁג
הַשּׁוּנַמִּית וַיָּבִאוּ אֹתָהּ לַמֶּלֶךְ:

Der König David war alt geworden, hochbetagt. Da
sammelte sein Sohn Adonijja eine Partei um sich, zog durch
die ganze Stadt und sprach: „Ich werde Herrscher des Landes.“
Sein Vater ließ sein übermüthiges Thun gewähren und warf
ihm seine unschöne Handlungsweise niemals vor. Einst ließ
Adonijja, dem auch angesehene Männer an der Seite standen,
ein großes Opferfest geben und lud dazu alle seine Freunde
ein. Da sprach der Prophet Nathan — der Feind Adonijjas —
zur Mutter Salomo's: „Folge meinem Rathe, dann rettest du
dein Leben und das deines Sohnes vor den Anschlägen seines
Stiefbruders. Gehe hin zum König, sage ihm: „Du, o König! hast mir zugeschworen, daß mein Sohn Salomo dein
Nachfolger sei, nun aber gebärdet sich Adonijja wie der zu-
künftige Herrscher; versammelt seine Partei, hält Feste ab, zeigt
sich mir und meinem Sohne feindselig gesinnt. Nun sind aller
Augen auf dich gerichtet, daß du doch selbst verkündest, wer
nach dir den Thron besteigen soll, denn sonst, was wird aus
mir und meinem Sohne, wenn du zu deinen Vätern einziehst,
ohne deinen Willen kund gethan zu haben?“ Sie that auch so,
wie der Prophet ihr geheißen. Inmitten ihrer Rede trat der
Prophet Nathan ein, bestätigte ihre Aussage über Adonijjas
Anmaßung und frug, ob dies alles vom Könige selbst ausge-

gangen? ob er seine Zustimmung dazu gegeben? Da ergrimmte der König, ließ die Mutter Salomos nochmals aus dem Nebengemache, wohin sie sich zurückgezogen hatte, holen und schwur: „So wahr der Herr meine Seele von jeder Noth und Pein befreit hat, was ich dir einst versprochen, das wird auch geschehen: Salomo wird mein Nachfolger, das sei heute beschlossen." Als die Mutter Salomos dies vernahm, verneigte sie sich und sprach: „Gott erhalte noch lange Zeit unsern König David."

וַיִּשָּׁבַע הַמֶּלֶךְ וַיֹּאמַר חַי־יְהוָה אֲשֶׁר־פָּדָה אֶת־
נַפְשִׁי מִכָּל־צָרָה: כִּי כַּאֲשֶׁר נִשְׁבַּעְתִּי לָךְ בַּיהוָה
אֱלֹהֵי יִשְׂרָאֵל לֵאמֹר כִּי־שְׁלֹמֹה בְנֵךְ יִמְלֹךְ אַחֲרַי
וְהוּא יֵשֵׁב עַל־כִּסְאִי תַּחְתָּי כִּי כֵּן אֶעֱשֶׂה הַיּוֹם הַזֶּה:
וַתִּקֹּד בַּת־שֶׁבַע אַפַּיִם אֶרֶץ וַתִּשְׁתַּחוּ לַמֶּלֶךְ
וַתֹּאמֶר יְחִי אֲדֹנִי הַמֶּלֶךְ דָּוִד לְעֹלָם:

תּוֹלְדוֹת.

(Maleachi 1, 1—14; 2, 1—7.)

מַשָּׂא דְבַר־יְהֹוָה אֶל־יִשְׂרָאֵל בְּיַד מַלְאָכִי:
אָהַבְתִּי אֶתְכֶם אָמַר יְהֹוָה וַאֲמַרְתֶּם בַּמָּה אֲהַבְתָּנוּ
הֲלוֹא־אָח עֵשָׂו לְיַעֲקֹב נְאֻם־יְהֹוָה וָאֹהַב אֶת־יַעֲקֹב:
וְאֶת־עֵשָׂו שָׂנֵאתִי וָאָשִׂים אֶת־הָרָיו שְׁמָמָה וְאֶת־
נַחֲלָתוֹ לְתַנּוֹת מִדְבָּר:

So erging der Mahnruf Gottes an Israel durch seinen
Propheten Maleachi: — Gott sprach: Meine Liebe ist bei euch!
Ihr aber erwidert darauf: „Womit ward sie an uns erwiesen?"
Nun! so spricht der Herr, sind Esau und Jakob keine Brüder?
und doch wandte Ich meine Liebe Jakob zu, und haßte Esau,
verwüstete seine Berge, sein Erbtheil machte Ich zur Wüste, daß
Wehklage darüber ausbrach. Und wollten sie die Trümmer
wieder errichten, so reiße Ich sie wieder ein, Esau nennt man
das Gebiet der Bosheit, sein Volk Gottesläfterer für alle Ewig=
keit. Dies alles haben euere Augen gesehen und doch rufet ihr:
„Zeige sich doch der Herr auch außerhalb der Grenze Israels
gewaltig!" — Es ehrt der Sohn den Vater, den Herrn sein
Diener, bin Ich euer Vater, wo bleibt die Ehrfurcht gegen Mich?
bin Ich euer Herr, wo die Ehrerbietung? Ihr Gottespriester,
die ihr Gottes Namen schändet?! Und fraget ihr Mich: „Wo=
mit schänden wir denn deinen Namen?" Nun denn! Ihr bringet
an meinen Altar unreine Opfer, betrachtet verächtlich den Gottes=
altar. Ist's etwa nicht Sünde, wenn ihr Schadhaftes, Krankes
darbringet? wenn ihr euerem Statthalter solches zum
Geschenke machen wolltet, würde er's vielleicht wohlgefällig an=
nehmen? Nun aber wollet ihr mit Aehnlichem vor Gott hin=
treten und Er soll euch dann gnädig sein?! O! Schließet die
Thore des Gotteshauses, entzündet nicht vergebens das Feuer an

meinem Altare, denn Ich mag euch nicht, verlange nicht nach
eueren Opfern! — Von Ost zu West ist mein Name gefeiert
unter den Nationen, alle bringen meinem Ruhme edlen Weih=
rauch, reine Opfer, nur ihr allein rufet aus: „Mag des Herrn
Altar auch befleckt, sein Opfer auch gemein sein! was liegt
daran?!" und werfet es verächtlich nieder, bringet Geraubtes,
Krankes dar, daß Ich es wohlgefällig aus euerer Hand nehme!
Darum Fluch dem, der da kargt und besitzt er auch Gutes,
Mir dennoch Verdorbenes reichen will, Mir, dem Herrn, dem
mächtigen Allkönig, dessen Namen furchtbar allen Völkern ist.
— Jetzt aber höret ihr Priester! denn an euch geht meine
Weisung. Wenn ihr nicht gehorchet, es euch nicht zu Herzen
nehmet, mir nicht Ehre erzeiget, so schicke Ich meinen Fluch
wider euch, verfluche die Geschenke, die das Volk euch bringen
soll, ja, den Boden, daß er keine Frucht trage, nicht aufsprießen
soll in ihm der Samen, Unbrauchbares wird man euch ent=
gegenbringen und ungießbar sollen euere Opfer sein, bis ihr
dem Untergange nahe seid, dann werdet ihr gewiß erkennen,
daß von Mir die Weisung ausgegangen, um auch weiter meinen
Bund mit den Priestern bestehen zu lassen, den Bund, der einst
euer Leben und Frieden war, vor dem ihr Ehrfurcht heget, vor
dem ihr zitternd standet. — Ja! Dazumal war reine Lehre
auf der Priester Lippen, kein Fehl wurde auf ihrer Zunge
gefunden, in Rechtlichkeit wandelten sie meine Wege, brachten
so Manche von der Sünde zurück. Denn sie sahen es ein, daß
des Priesters Lippe Gotteserkenntnis bewahren soll, von ihm
nur die reine Lehre gefordert werde, denn der Bote Gottes ist er.

בְּרִיתִי ׀ הָיְתָה אִתּוֹ הַחַיִּים וְהַשָּׁלוֹם וָאֶתְּנֵם־
לוֹ מוֹרָא וַיִּירָאֵנִי וּמִפְּנֵי שְׁמִי נִחַת הוּא: תּוֹרַת
אֱמֶת הָיְתָה בְּפִיהוּ וְעַוְלָה לֹא־נִמְצָא בִשְׂפָתָיו
בְּשָׁלוֹם וּבְמִישׁוֹר הָלַךְ אִתִּי וְרַבִּים הֵשִׁיב מֵעָוֹן:
כִּי־שִׂפְתֵי כֹהֵן יִשְׁמְרוּ־דַעַת וְתוֹרָה יְבַקְשׁוּ מִפִּיהוּ
כִּי מַלְאַךְ יְהֹוָה צְבָאוֹת הוּא:

וַיֵּצֵא.

(Hosea 12, 13--15; 13, 1--15; 14, 1—10.)

וַיִּבְרַח יַעֲקֹב שְׂדֵה אֲרָם וַיַּעֲבֹד יִשְׂרָאֵל בְּאִשָּׁה
וּבְאִשָּׁה שָׁמָר : וּבְנָבִיא הֶעֱלָה יְהוָֹה אֶת־יִשְׂרָאֵל
מִמִּצְרַיִם וּבְנָבִיא נִשְׁמָר : הִכְעִיס אֶפְרַיִם תַּמְרוּרִים
וְדָמָיו עָלָיו יִטּוֹשׁ וְחֶרְפָּתוֹ יָשִׁיב לוֹ אֲדֹנָיו :

Einst, da flüchtete Israels Urvater, Jakob, in's Gefilde Aram, diente und hütete um ein Weib. Seine Nachkommen aber führte schon der Herr selbst aus Egypten und sie hütete ein Prophet. Trotz solcher göttlichen Wandlung reizte Efraim den Herrn durch bittere Kränkung, darum wird Gott sein Blut vergießen, die ihm angethane Schmach rückerstatten. — Einst, wenn der Stamm Efraim sprach, zitterten die Nachbarstämme, hoch angesehen war er in ganz Israel, nun aber lud er die Schuld auf sich durch Götzendienst und gegossene Silbergötzen, alles Kunstwerk, daß von ihm es heiße: „er opfere Menschen, küsse Thierbilder!" (darum sollen auch die Angehörigen dieses Stammes sein wie die Morgenwolke, wie der Thau, die rasch vergehen, wie Spreu, das aus der Tenne der Sturm fegt, wie Rauch, der aus der Oeffnung schwindet. Statt einzusehen, daß außer Mir, der sie aus Egypten geführt, es keinen Gott gebe, keinen Helfer außer Mir, der in der Wüste sie wartete, im Lande der Dürre und Gluth, wurden sie übersatt auf ihrer Weide, ergriff Dünkel ihr Herz und sie vergaßen Mich. Zur Strafe will Ich sie angreifen gleich einem Löwen, gleich einem reißenden Thiere, werde zerstückeln das Fett ihres Herzens; wie Ich einst deine Hilfe war, so werde Ich jetzt dein Verderben sein. O Israel! Wo bleibt nun dein König, daß er dir helfe in den Städten, wo deine Richter, von denen du einst Könige und Fürsten fordertest? In meinem Zorne gab Ich dir einen König und in meinem Grimme entreiße Ich ihn dir wieder; o! gut aufbewahrt ist bei mir Efraim's Sünde, sein Frevel gut eingezeichnet. Furchtbare

Schmerzen sollen über ihn kommen, über diesen einsichtslosen
Sohn? Aus der Hölle will Ich ihn befreien, erlösen vom Tode,
um ihn nochmals mit Todespest, mit Höllengluth zu strafen,
denn jedes Erbarmen schwindet vor meinen Augen. Ein Ost=
wind wird kommen und ihn, der zwischen Triften gedeiht, in
seiner Wurzel verdorren lassen, trocken legt er seinen Quell und
raubt ihm allen seinen Reichthum. Und Samaria, die wider=
spenstige Stadt, soll durchs Schwert fallen, selbst Kinder und
Frauen bleiben nicht verschont. — Doch immer noch ist's Zeit!
Kehre Israel zu deinem Gotte zurück! wenn du auch gestrauchelt
bist, bereuet, kehret zu Gott, betet zu ihm: „Du Allverzeihender,
Allgütiger! empfange das Bekenntnisopfer unserer Lippen, kein
fremdes Volk soll weiter unser Verbündeter sein, wir wollen
keine Krieger sein, wollen nicht mehr unser Handwerk Gott
nennen, nur Dich, Der allein der Waisen sich erbarmest.“ Ich
aber, der Herr, will ihr abtrünniges Herz dann heilen, will sie
in Milde lieben, denn es legt sich mein Zorn. Wohlthuend
wie der Thau will Ich Israel werden, daß es der Lilie gleich
in Unschuld erblühe, feste Wurzel fasse wie die Zeder des Li=
banon. Ausbreiten werden sich seine Sprößlinge, und ihre Pracht
wird der des Oelbaumes ähnlich, ihr Duft gleich dem des Li=
banon. Die einst in seinem Schatten gesessen, kehren wieder
und gedeihen wie die Frucht des Feldes, blühen auf wie der
Weinstock und freudig gedenkt man seiner wie des Libanonweines.
So wird es sein, wenn Efraim nicht mehr Götzen umschwärmt,
dann will Ich ihn beachten und sein Gebet erhören, dann bin
Ich ihm wie die belaubte Zypresse und verleihe ihm meine herr=
liche Frucht. O! daß ihr weise wäret und verständig! einsehet,
daß Gottes Wege gerecht, die Frommen ihn wandeln, die Gott=
losen aber darauf straucheln.

יָשֻׁבוּ יֹשְׁבֵי בְצִלּוֹ יְחַיּוּ דָגָן וְיִפְרְחוּ כַגָּפֶן זִכְרוֹ
כְּיֵין לְבָנוֹן: אֶפְרַיִם מַה־לִּי עוֹד לָעֲצַבִּים אֲנִי עָנִיתִי
וַאֲשׁוּרֶנּוּ אֲנִי כִּבְרוֹשׁ רַעֲנָן מִמֶּנִּי פֶּרְיְךָ נִמְצָא: מִי
חָכָם וְיָבֵן אֵלֶּה נָבוֹן וְיֵדָעֵם כִּי יְשָׁרִים דַּרְכֵי יְהֹוָה
וְצַדִּיקִים יֵלְכוּ בָם וּפֹשְׁעִים יִכָּשְׁלוּ בָם:

וַיִּשְׁלַח.

(Obadja 1, 1—21.)

חֲזוֹן עֹבַדְיָה כֹּה־אָמַר אֲדֹנָי יֱהֹוִה לֶאֱדוֹם
שְׁמוּעָה שָׁמַעְנוּ מֵאֵת יְהֹוָה וְצִיר בַּגּוֹיִם שֻׁלָּח קוּמוּ
וְנָקוּמָה עָלֶיהָ לַמִּלְחָמָה׃ הִנֵּה קָטֹן נְתַתִּיךָ בַּגּוֹיִם
בָּזוּי אַתָּה מְאֹד׃ זְדוֹן לִבְּךָ הִשִּׁיאֶךָ שֹׁכְנִי בְחַגְוֵי־
סֶלַע מְרוֹם שִׁבְתּוֹ אֹמֵר בְּלִבּוֹ מִי יוֹרִדֵנִי אָרֶץ׃

Dies ist das Wort Gottes an Edom: Kund hat uns Gott gethan und ein Bote ward unter die Völker gesandt: auf! rüstet euch gegen Edom. Zum Geringsten der Nationen will Ich dich machen, o Edom! völlig verachtet; Dein Herzens= dünkel hat dich verleitet, weil du in Felsschluchten, auf hohen Bergen wohntest, dachtest du, keiner stürze dich zur Erde herab. Siehe, magst du auch hoch wie der Adler nisten, zwischen die Sterne dein Nest legen, auch von dort stürze Ich, der Herr, dich herab. Und wahrlich! wie bist du auch vernichtet worden. Sind nicht Diebe, nächtliche Plünderer über dich gekommen und haben dich sattsam beraubt? nicht Winzer, die nur einzelne Beeren dir übrig ließen? Ach! wie entleert ist Edom worden, wie erforscht seine Schätze! Deine eigenen Verbündeten, deine Bundesgenossen berückten dich, jagten dich zu deiner Grenze hinaus, deine eigenen Krieger legten dir eine Falle — o, welch Unverstand war doch in dir! Alle deine Weisen hat der Herr an diesem Tage vernichtet, jede Vernunft ist von Edom ge= schwunden und mit zogen deine Helden in banger Furcht) daß nicht alle deine Männer niedergemetzelt werden. Und all' diese Schande bedeckt dich, weil du gegen deine Brüder Jakob gewalt= thätig warst, weil du mit den Fremden gingst, die Israels Heer zerstörten, Lose warfen über Jerusalem und die Stabt bestürmten. Doch nicht sollst du nochmals den Unglückstag deines Bruders

fehen, follft dich nicht freuen ob Judas Untergang, nicht jauchzen
ob feiner Noth, nicht wirft du abermals am Tage ihres Elends
ihr Unheil fehen, wirft gegen fein Heer deine Hand nicht aus-
ftrecken, wirft nicht an der Grenze feine Flüchtigen niederftrecken
wirft feinen Ueberreft dem Feinde nicht überliefern können, denn
nahe ift der Gerichtstag Gottes über alle Völker; wie du gethan, gefchieht es dir, es kommt der Lohn über dein Haupt. Wie
du verblendet auf meinem heiligen Berge jauchzend tranffeft, fo
werden's auch die andern Völker thun, bis auch fie taumeln
und verfchwinden werden. — Doch Zions Hügel wird einft
noch zur heiligen Zuflucht, Jakob wird feinen alten Sitz wieder einnehmen. Dann wird Jfrael Flamme und Feuer, Edom
aber zu Stoppeln darauf und die Flammen werden fie verzehren, daß nichts von Edom übrig bleibe — fo fpricht der Herr.
Und Jfraels Heer einft in Gefangenfchaft geführt und Jerufalem's Verbannte werden alte und neue Gebiete wiede rin Be-
fitz nehmen und hinaufziehen werden die Sieger auf den Berg
Zion und Edom nach Gebühr verurtheilen, denn die Herrfchaft
liegt in Gottes Hand.

וְיָרְשׁוּ הַנֶּגֶב אֶת־הַר עֵשָׂו וְהַשְּׁפֵלָה אֶת־
פְּלִשְׁתִּים וְיָרְשׁוּ אֶת־שְׂדֵה אֶפְרַיִם וְאֵת שְׂדֵה שֹׁמְרוֹן
וּבִנְיָמִן אֶת־הַגִּלְעָד: וְגָלֻת הַחֵל־הַזֶּה לִבְנֵי יִשְׂרָאֵל
אֲשֶׁר כְּנַעֲנִים עַד־צָרְפַת וְגָלֻת יְרוּשָׁלַם אֲשֶׁר
בִּסְפָרַד יִרְשׁוּ אֵת עָרֵי הַנֶּגֶב: וְעָלוּ מוֹשִׁעִים בְּהַר
צִיּוֹן לִשְׁפֹּט אֶת־הַר עֵשָׂו וְהָיְתָה לַיהֹוָה הַמְּלוּכָה:

וַיֵּשֶׁב.

(Amos 2, 6—16; 3, 1—8.)

כֹּה אָמַר יְהֹוָה עַל־שְׁלֹשָׁה פִּשְׁעֵי יִשְׂרָאֵל וְעַל־
אַרְבָּעָה לֹא אֲשִׁיבֶנּוּ עַל־מִכְרָם בַּכֶּסֶף צַדִּיק
וְאֶבְיוֹן בַּעֲבוּר נַעֲלָיִם: הַשֹּׁאֲפִים עַל־עֲפַר־אֶרֶץ
בְּרֹאשׁ דַּלִּים וְדֶרֶךְ עֲנָוִים יַטּוּ וְאִישׁ וְאָבִיו יֵלְכוּ
אֶל־הַנַּעֲרָה לְמַעַן חַלֵּל אֶת־שֵׁם קָדְשִׁי: וְעַל־בְּגָדִים
חֲבֻלִים יַטּוּ אֵצֶל כָּל־מִזְבֵּחַ וְיֵין עֲנוּשִׁים יִשְׁתּוּ בֵּית
אֱלֹהֵיהֶם:

So spricht der Herr: Soll ich Israel seine vielen Sünden nicht vergelten? Um Geld verkauften sie den Gerechten, um nichtiges Zeug den Dürftigen. Sie lechzten, der Armen Haupt im Staube zu sehen, krümmten den Weg der Leidenden, entweihten meinen Namen, den heiligen, liegen auf verpfändeten Kleidern, trinken erpreßten Wein vor ihren Göttern. Wo doch Ich ihre Feinde, die hoch und mächtig wie Cedern und Eichen waren, vernichtet habe, Wurzel und Frucht ihrer Widersacher ertödtete; wo doch Ich sie aus Egypten führte, Ich sie 40 Jahre hindurch in der Wüste leitete, um endlich ihr Land zu erobern; wo doch Ich ihre Söhne zu Propheten, ihre Jünglinge zu Abgesonderten machte! Oder etwa nicht? Antworte Israel! Ihr aber ließet euere Propheten falsch wahrsagen. Hiefür will Ich aber euch auch niederdrücken, wie der garbengefüllte Wagen das Erdreich niederdrückt, auf daß der Behende nicht flüchten, der Held sich nicht retten könne; der den Bogen führt, habe keinen Bestand, keine Rettung weder Reiterei, noch die raschen Ganges sind und selbst der gewaltigste unter eueren Helden soll an diesem Tage nackt fliehen müssen — so spricht der Herr. O Israel! höre doch das Wort Gottes. Eben, weil Ich dich aus Egypten geführt habe, weil Ich dich mir auserwählt habe unter den Nationen, strafe Ich so hart deine Sünden. Gehen zwei eines Weges, ohne sich verabredet zu haben? Tobt der Löwe, ohne Beute zu erjagen, erhebt er seine Stimme aus der Höhle, wenn er nichts geraubt? Fällt der Vogel in ein Netz, ohne daß man es stellte? Erhebt sich eine Schlinge vom Bo-den, wenn in ihr kein Gefangenes? Erschallt die Posaune in der Stadt und die Bewohner erzittern nicht? Bricht Unheil über eine Stadt herein, ohne daß Gott es so gewollt? Wer fürchtet nicht, wenn der Löwe seine Stimme erhebt, wer weis-saget nicht, wenn der Herr es voraussagt?

אִם־יִתָּקַע שׁוֹפָר בְּעִיר וְעָם לֹא יֶחֱרָדוּ אִם־
תִּהְיֶה רָעָה בְּעִיר וַיהוָה לֹא עָשָׂה: כִּי לֹא יַעֲשֶׂה
אֲדֹנָי יְהוִה דָּבָר כִּי אִם־גָּלָה סוֹדוֹ אֶל־עֲבָדָיו
הַנְּבִיאִים: אַרְיֵה שָׁאָג מִי לֹא יִירָא אֲדֹנָי יְהוִה
דִּבֶּר מִי לֹא יִנָּבֵא:

מִקֵּץ.

(Könige I. 3, 15—28; 4, 1.)

וַיִּקַץ שְׁלֹמֹה וְהִנֵּה חֲלוֹם וַיָּבוֹא יְרוּשָׁלַם
וַיַּעֲמֹד ׀ לִפְנֵי ׀ אֲרוֹן בְּרִית־יְהֹוָה וַיַּעַל עֹלוֹת וַיַּעַשׂ
שְׁלָמִים וַיַּעַשׂ מִשְׁתֶּה לְכָל־עֲבָדָיו : אָז תָּבֹאנָה
שְׁתַּיִם נָשִׁים זֹנוֹת אֶל־־הַמֶּלֶךְ וַתַּעֲמֹדְנָה לְפָנָיו :
וַתֹּאמֶר הָאִשָּׁה הָאַחַת בִּי אֲדֹנִי אֲנִי וְהָאִשָּׁה הַזֹּאת
יֹשְׁבֹת בְּבַיִת אֶחָד וָאֵלֵד עִמָּהּ בַּבָּיִת :

Einst kamen zu König Salomo zwei Freundinnen und
die eine sprach: „O König! ich und meine Freundin, wir
wohnen in einem Hause und der Herr beschenkte uns zu gleicher
Zeit mit zwei Söhnen. In der britten Nacht ihres Lebens
starb das Kind meiner Freundin. Als sie erwachte, dies merkte,
stahl sie sich in mein Gemach, legte das todte Kind zu mir
und nahm sich das lebende. Morgens erkannte ich, daß es
nicht mein Kind sei und nun verlange ich von dir Gerechtigkeit, o
König!" — Doch die andere Frau erwiderte: „Nein! dein
Sohn ist der todte, meiner der lebende." Also stritten sie vor
dem König. Dieser aber gebot, ein Schwert zu bringen und
sprach: „Theilet den lebenden Knaben in zwei gleiche Stücke
und gebet jeder die Hälfte." Da erbarmte sich des Kindes die
wahre Mutter und flehte: „O Herr! tödtet es nicht, gebt es
ihr, nur laßt es leben." Die zweite aber wollte es nur ge=
theilt sehen. Da sprach der König: „Die Barmherzige ist die
Mutter des Kindes, gebet es ihr hin!" Als das Volk dies
weise Urtheil vernahm, brachte es dem Herrscher Ehrfurcht ent=
gegen, denn es sah, daß göttliche Weisheit ihm innewohne. So
regierte Salomo als König über Israel.

וַיַּעַן הַמֶּלֶךְ וַיֹּאמֶר תְּנוּ־לָהּ אֶת־הַיָּלוּד הַחַי
וְהָמֵת לֹא תְמִיתֻהוּ הִיא אִמּוֹ: וַיִּשְׁמְעוּ כָל־יִשְׂרָאֵל
אֶת־הַמִּשְׁפָּט אֲשֶׁר שָׁפַט הַמֶּלֶךְ וַיִּרְאוּ מִפְּנֵי הַמֶּלֶךְ
כִּי רָאוּ כִּי־חָכְמַת אֱלֹהִים בְּקִרְבּוֹ לַעֲשׂוֹת מִשְׁפָּט:
וַיְהִי הַמֶּלֶךְ שְׁלֹמֹה מֶלֶךְ עַל־כָּל־יִשְׂרָאֵל:

וַיִּגַּשׁ.

(Ezechiel 37, 15—28.)

וַיְהִי דְבַר־יְהֹוָה אֵלַי לֵאמֹר: וְאַתָּה בֶן־אָדָם
קַח־לְךָ עֵץ אֶחָד וּכְתֹב עָלָיו לִיהוּדָה וְלִבְנֵי יִשְׂרָאֵל
חֲבֵרָו וּלְקַח עֵץ אֶחָד וּכְתֹב עָלָיו לְיוֹסֵף עֵץ אֶפְרַיִם
וְכָל־בֵּית יִשְׂרָאֵל חֲבֵרָו: וְקָרַב אֹתָם אֶחָד אֶל־
אֶחָד לְךָ לְעֵץ אֶחָד וְהָיוּ לַאֲחָדִים בְּיָדֶךָ:

Und es erging das Wort Gottes an mich also: Und du
Erdensohn, nimm zwei Holzstücke und schreibe auf das eine den
Namen Juda's und seiner Genossen, auf das andere Efraim's
und seiner Genossen. Dann binde die beiden Holzstücke zu=
sammen, daß sie eines werden. Frägt dich sodann das Volk,
was dieser Vorgang zu bedeuten habe, so antworte im Namen
des Herrn: So spricht der Herr: Wie du diese beiden Holz=
stücke mit ihren verschiedenen Namen verbindest, so nehme Ich,
der Herr, ganz Israel aus der Mitte der Völker, versammle
und führe sie insgesammt zurück in ihr Land. Ich, der Herr,
vereine sie zu einem Volke auf den Höhen Israels und ein
König wird über sie alle herrschen und nicht werden sie mehr
in zwei Königreiche getheilt sein. Aber auch verunreinigen wer=
den sie sich nimmer an Götzen, Scheusale und durch andere
Frevel und Ich werde ihnen helfen, sich frei von allen ihren
Abtrünnigkeiten zu machen, reinige sie, daß sie mein Volk, Ich
aber ihr Gott werde. Und herrschen wird über mein Volk ein
treuer Diener, wie es einst David war und alle werden nach
meinen Rechten wandeln, meine Gebote beobachten und voll=
ziehen. Wieder werden einst Alle im Lande wohnen, das Ich
meinem Getreuen, Jakob, versprochen habe, worin euere Ahnen
schon wohnten und bleiben werdet ihr da, ihr und euere Nach=
kommen für ewige Zeiten. Ich aber, der Herr, Ich schließe

mit ihnen den ewigen Friedensbund, werde sie vermehren und
mein Heiligthum sei immerdar in ihrer Mitte; meine Majestät
lagert über ihnen, denn Ich bin ihr Gott und sie mein Volk,
auf daß einst auch alle anderen Völker erkennen, daß Ich,
der Herr, Israel heilige, da mein Heiligthum in ihren Kreisen
Ich ruhen lasse für ewige Zeiten."

וְכָרַתִּי לָהֶם בְּרִית שָׁלוֹם בְּרִית עוֹלָם יִהְיֶה
אוֹתָם וּנְתַתִּים וְהִרְבֵּיתִי אוֹתָם וְנָתַתִּי אֶת־מִקְדָּשִׁי
בְּתוֹכָם לְעוֹלָם: וְהָיָה מִשְׁכָּנִי עֲלֵיהֶם וְהָיִיתִי לָהֶם
לֵאלֹהִים וְהֵמָּה יִהְיוּ־לִי לְעָם: וְיָדְעוּ הַגּוֹיִם כִּי אֲנִי
יְהוָה מְקַדֵּשׁ אֶת־יִשְׂרָאֵל בִּהְיוֹת מִקְדָּשִׁי בְּתוֹכָם
לְעוֹלָם:

וַיְחִי.

(Könige I. 2, 1—12.)

וַיִּקְרְבוּ יְמֵי־דָוִד לָמוּת וַיְצַו אֶת־שְׁלֹמֹה בְנוֹ
לֵאמֹר: אָנֹכִי הֹלֵךְ בְּדֶרֶךְ כָּל־הָאָרֶץ וְחָזַקְתָּ וְהָיִיתָ
לְאִישׁ: וְשָׁמַרְתָּ אֶת־מִשְׁמֶרֶת ׀ יְהֹוָה אֱלֹהֶיךָ לָלֶכֶת
בִּדְרָכָיו לִשְׁמֹר חֻקֹּתָיו מִצְוֹתָיו וּמִשְׁפָּטָיו וְעֵדְוֹתָיו
כַּכָּתוּב בְּתוֹרַת מֹשֶׁה לְמַעַן תַּשְׂכִּיל אֵת כָּל־אֲשֶׁר
תַּעֲשֶׂה וְאֵת כָּל־אֲשֶׁר תִּפְנֶה שָׁם:

als den Nachklang David's herannahte,

~~Die Lebenstage des König David~~ nahten ihrem Ende,
da ließ er seinen Sohn Salomo kommen und gab ihm folgende
Mahnung: „Mein Sohn! Ich gehe jetzt den Weg aller Sterb=
lichen, sei muthig, ermanne dich. Beobachte die Gebote deines
Gottes, wandle seine Wege, bewahre seine Gesetze und Rechte,
seine Weisungen und Satzungen, wie ~~du~~ in Mosche's Thora ~~sie~~
geschrieben ~~findest~~, daß in allem, was du unternimmst, überall,
wohin du dich wendest, Glück dich geleite, daß der Herr sein
mir gegebenes Versprechen einlösen könne: Wenn die Wege
deiner Kinder, die der Wahrheit sind, wenn sie diese mit ganzem
Herzen und ~~voller~~ Seele ~~betreten~~, dann wird auf Israels Thron
kein anderer herrschen, als deine Nachkommen. Nun aber mein
Sohn! Vergelte meinen Freunden ~~und Feinden nach~~ Gebühr.
Du kennst die vielen Missethaten meines Feldherrn Joab, seine
Anmaßung wider mich und meine Freunde, strafe ihn du nach
Verdienst, ~~da~~ ich es nicht thun durfte; so auch den Schimi,
der mich fluchte, als ich vor meinen eigenen Sohn Abialon
fliehen mußte, dem ich aber dennoch zugeschworen habe, selbst
kein Leid anzuthun. ~~Doch~~ gedenke wieder zum Guten meines
Freundes Barsilai, der mir viele Liebesdienste erwies, laß seine
Kinder an deinem Hofe sich versammeln." Nach dieser Mahnung
starb David und ward in der Davidstadt begraben. Er herrschte

über ganz Israel 40 Jahre. Sein Nachfolger war sein Sohn Salomo, der das Reich hob und befestigte.

וַיִּשְׁכַּב דָּוִד עִם־אֲבֹתָיו וַיִּקָּבֵר בְּעִיר דָּוִד:
וְהַיָּמִים אֲשֶׁר מָלַךְ דָּוִד עַל־יִשְׂרָאֵל אַרְבָּעִים שָׁנָה
בְּחֶבְרוֹן מָלַךְ שֶׁבַע שָׁנִים וּבִירוּשָׁלַיִם מָלַךְ שְׁלֹשִׁים
וְשָׁלֹשׁ שָׁנִים: וּשְׁלֹמֹה יָשַׁב עַל־כִּסֵּא דָּוִד אָבִיו
וַתִּכֹּן מַלְכֻתוֹ מְאֹד:

Die Haphtaroth
für das zweite Buch Mosis.

שְׁמוֹת.

(Jesaia 27, 6—13; 28, 1—13; 29, 22—23.)

הַבָּאִים יַשְׁרֵשׁ יַעֲקֹב יָצִיץ וּפָרַח יִשְׂרָאֵל וּמָלְאוּ
פְנֵי־תֵבֵל תְּנוּבָה: הַכְּמַכַּת מַכֵּהוּ הִכָּהוּ אִם־כְּהֶרֶג
הֲרֻגָיו הֹרָג: בְּסַאסְאָה בְּשַׁלְּחָהּ תְּרִיבֶנָּה הָגָה בְּרוּחוֹ
הַקָּשָׁה בְּיוֹם קָדִים:

Einst wird Jakob wieder Wurzel fassen, Israel wird aufblühen zur Zeit, da Einsicht die ganze Erdoberfläche erfüllen
wird. Denn Gott schlug Israel nicht, wie ein Mann den andern
schlägt, noch zerschmetterte er es, wie ein Mörder seinen Nächsten,
er sandte sein Volk nur in Gefangenschaft, da er im Zornes-
sturme mit ihm haderte, fegte es aus dem Lande in seinem
gewaltigen, strafenden Grimme. — ¿Doch Jakob kann auch
Versöhnung für seine Sünden erlangen und dies sei die Sühne
zur Tilgung seines Frevels: alle Steine der Götzenaltäre zer-
splittere es zu Kalf, nie darf Israel mehr Götzenbilder errichten. –
Denn mag eine Stadt noch so schön, befestigt und sicher sein,
vernichtet wird sie und verlassen wie die Wüste, Thiere werden
in ihr lagern und ihre Pflanzungen zerstören, fluchende Weiber
werden ihre dürren, gebrochenen Reiser anzünden, so sie unver-
nünftig Götzen huldigt, der Schöpfer erbarmt sich ihrer nicht,
nicht gnädig ist ihr der Herr. Jedoch am Tage der Besserung
wird der Herr sein Volk gleich einzelnen Aehren vom Euphrat
bis zum Nilstrome auflesen, gestoßen wird in die mächtige
Posaune und versammeln werden sich Alle, die zerstreut, verloren und verstoßen in fremden Landen wohnten und in Jerusalem auf dem heiligen Berge werden sie vereint vor Gott
sich bücken.

Aber ach! Wehe über euer stolzes Diadem, ihr Trunkenen
Israels, wehe über den herrlichen Schmuck eures bestgesegneten

Thales, ihr vom Weine Geschlagenen! (Siehe! mächtig und stark gleich Hagelschauer, kommt von Gott der Sturm des Verderbens, wie ein stürzender, überfließender Bach steigt es mit Gewalt zur Erde wieder herab)und mit Füßen getreten wird euer stolzes Diadem, ihr Trunkenen Israels! Und der herrliche Schmuck eueres bestgesegneten Thales wird sein, wie die unreife Erstlingsfrucht die, wer sie erblickt, ergreift und gierig verzehrt. — (Doch dem frommen Rest seines Volkes wird der Herr zum edlen Schmuck, zur herrlichen Krone, seinen Richtern wird göttlicher Geist, seinen Kriegern Kraft zu Theil.' — Aber siehe! Auch diese Frommen taumeln schon, wirr von berauschendem Tranke, selbst die Propheten und Priester wanken von Rausch, irren im Richterspruch! Wer soll nun in solchem Kreise Urtheil sprechen, wer einsichtsvoll verhören?! Vielleicht die Säuglinge, entwöhnte Kinder?! Geht doch Alles auf in gottlosen Lustgesängen, den Propheten, der ihnen wahre, göttliche Ruhe zeigen wollte, ließen sie bis zur Ermüdung sprechen, ohne ihn anzuhören, als spräche er mit stotternder Zunge eine fremde Sprache, ja! selbst das Wort Gottes bringen sie hinein in ihre scheußlichen Lustgesänge und da soll nicht Alles straucheln, zertrümmern, in die Schlinge fallen und gefangen werden?! — Doch erblasse nicht Jakob, Israel du sollst nicht ganz zu Schanden werden, denn beine Nachkommen, die meiner Hände Werk in ihrer Mitte sehen werden, die werden auch einst meinen Namen heiligen und verherrlichen.

וְהָיָה לָהֶם דְּבַר־יְהֹוָה צַו לָצָו צַו לָצָו קַו לָקָו
קַו לָקָו זְעֵיר שָׁם זְעֵיר שָׁם לְמַעַן יֵלְכוּ וְכָשְׁלוּ אָחוֹר
וְנִשְׁבָּרוּ וְנוֹקְשׁוּ וְנִלְכָּדוּ:
לָכֵן כֹּה־אָמַר יְהֹוָה אֶל־בֵּית יַעֲקֹב אֲשֶׁר פָּדָה אֶת־
אַבְרָהָם לֹא־עַתָּה יֵבוֹשׁ יַעֲקֹב וְלֹא עַתָּה פָּנָיו יֶחֱוָרוּ:
כִּי בִרְאֹתוֹ יְלָדָיו מַעֲשֵׂה יָדַי בְּקִרְבּוֹ יַקְדִּישׁוּ שְׁמִי
וְהִקְדִּישׁוּ אֶת־קְדוֹשׁ יַעֲקֹב וְאֶת־אֱלֹהֵי יִשְׂרָאֵל יַעֲרִיצוּ:

וָאֵרָא.

(Ezechiel 28, 25—26 ; 29, 1—21.)

כֹּה־אָמַר אֲדֹנָי יְהוִֹה בְּקַבְּצִי ׀ אֶת־בֵּית יִשְׂרָאֵל
מִן־הָעַמִּים אֲשֶׁר נָפֹצוּ בָם וְנִקְדַּשְׁתִּי בָם לְעֵינֵי הַגּוֹיִם
וְיָשְׁבוּ עַל־אַדְמָתָם אֲשֶׁר נָתַתִּי לְעַבְדִּי לְיַעֲקֹב
וְיָשְׁבוּ עָלֶיהָ לָבֶטַח וּבָנוּ בָתִּים וְנָטְעוּ כְרָמִים וְיָשְׁבוּ
לָבֶטַח בַּעֲשׂוֹתִי שְׁפָטִים בְּכֹל הַשָּׁאטִים אֹתָם
מִסְּבִיבֹתָם וְיָדְעוּ כִּי אֲנִי יְהוָֹה אֱלֹהֵיהֶם : בַּשָּׁנָה
הָעֲשִׂירִית בָּעֲשִׂרִי בִּשְׁנֵים עָשָׂר לַחֹדֶשׁ הָיָה דְבַר־
יְהוָֹה אֵלַי לֵאמֹר :

So spricht der Herr: Wenn Ich einst Israel aus der Mitte
der Nationen wieder versammle, unter denen sie nun zerstreut
sind und an ihnen meine Heiligkeit bezeuge und sie wieder in
ihrem alten Vaterlande wohnen, das Ich ihrem Urvater Jakob
versprochen habe, dann werden sie ungestört darin wohnen,
werden Häuser bauen, Weinberge pflanzen und Ich werde
Strafgericht üben an Allen, die sie feindlich umringen, daß Alle
Mich, den Ewigen erkennen. -- Weiter erging das Wort Gottes
an mich: Erdensohn, wende deine Ansprache gegen den König
der Egypter, der gleich einer Seeschlange zwischen seinen Flüssen
hauset und übermüthig spricht: „Mein ist der Strom, ich habe
ihn mir geschaffen." Nun will ich aber Haken an dich legen,
wie man es mit den Fischen deines Stromes thut und werde
dich den Fischen gleich auf das Feld niederwerfen; dich aber
wird niemand auflesen und aufsammeln, sondern den Wald=
thieren und Raubvögeln wirst du zur Zehrung. All diese Strafe
bringe Ich, der Herr, über Egypten, weil es eine Rohrstütze
dem Hause Israels war. Da es dich fassen wollte, knicktest
du und verwundetest ihm seine Schulter, da es sich stützen

wollte auf bich, bracheft bu zuſammen, baß ſein ganzer Körper
erſchüttert wurbe. Darum bringe ich über bich bas Schwert unb
vernichte bich ganz, bis Egypten zur Wüſte unb Einöbe wirb
unb erfenne, baß ich ber Herr bin, nicht aber ihr König, ber
geſprochen: „Mein iſt ber Fluß, ich habe mir ihn ſelbſt ge=
ſchaffen! Ja! Zur Wüſte wirb Egypten, fein Wanberer, feine
Karawane ſoll es burchziehen unb unbewohnt bleibt es lange
Zeit, bas Lanb wirb verwüſtet, bie Stäbte zerſtört, bie Be=
wohner zerſtreut. Unb wirb es ſich auch einſt wieber erheben, ſo
bleibt es bennoch ein machtloſes, unbebeutenbes Königreich, viel
zu gering, um anbere Völker zu beherrſchen. Unb auch Jſraels
Stütze wirb es nimmer ſein können, wirb es nicht zur Sünbe
verleiten. — Wiſſe aber, baß Nebukabnezar, ber König ber
Babylonier ſein Eroberer ſein wirb, ber ſeine großen Verluſte
bei Tyrus in Egypten erſetzen, ſeine Sölbner burch bieſe große
Beute bezahlen wirb. Dann aber werbe Ich auch Jſrael ge=
rechten Schutz angebeihen laſſen, baß es mitſpreche in bem Rathe
ber Völfer unb Alle erkennen, baß Ich ber Herr bin.

לָכֵן כֹּה אָמַר אֲדֹנָי יְהוִה הִנְנִי נֹתֵן לִנְבוּכַדְרֶאצַּר
מֶלֶךְ־בָּבֶל אֶת־אֶרֶץ מִצְרָיִם וְנָשָׂא הֲמֹנָהּ וְשָׁלַל
שְׁלָלָהּ וּבָזַז בִּזָּהּ וְהָיְתָה שָׂכָר לְחֵילוֹ: פְּעֻלָּתוֹ אֲשֶׁר־
עָבַד בָּהּ נָתַתִּי לוֹ אֶת־אֶרֶץ מִצְרָיִם אֲשֶׁר עָשׂוּ לִי
נְאֻם אֲדֹנָי יְהוִה: בַּיּוֹם הַהוּא אַצְמִיחַ קֶרֶן לְבֵית
יִשְׂרָאֵל וּלְךָ אֶתֵּן פִּתְחוֹן־פֶּה בְּתוֹכָם וְיָדְעוּ כִּי־
אֲנִי יְהוָה:

בֹּא.

(Jeremia 46, 13—28.)

הַדָּבָר אֲשֶׁר דִּבֶּר יְהֹוָה אֶל־יִרְמְיָהוּ הַנָּבִיא
לָבוֹא נְבוּכַדְרֶאצַּר מֶלֶךְ בָּבֶל לְהַכּוֹת אֶת־אֶרֶץ
מִצְרָיִם: הַגִּידוּ בְמִצְרַיִם וְהַשְׁמִיעוּ בְמִגְדּוֹל וְהַשְׁמִיעוּ
בְנֹף וּבְתַחְפַּנְחֵס אִמְרוּ הִתְיַצֵּב וְהָכֵן לָךְ כִּי אָכְלָה
חֶרֶב סְבִיבֶיךָ: מַדּוּעַ נִסְחַף אַבִּירֶיךָ לֹא עָמַד כִּי
יְהֹוָה הֲדָפוֹ:

Als Nebukadnezar, der König Babylons gegen Egypten
zog, da erging die Weisung Gottes an den Propheten Jeremia:
Verkündet in Egypten, rufet aus in seinen Städten: Rüstet
euch! Denn es umringt euch verheerendes Schwert. — Doch
warum sind denn deine Helden so weggefegt, o Egypten?! Sie
haben keinen Bestand, weil Gott sie erschüttert. Darum wer=
den auch viele straucheln, einer wird den andern anfallen
und sprechen: „Auf, kehren wir zurück zu unserer Familie,
in unsere Vaterstadt vor dem würgenden Schwerte! Dort
angelangt, werden sie ausrufen: „Pharao, Egypterkönig, der du
so sicher dich dünkteft, auch deine Zeit ist um!" —- Bei
meiner Ewigkeit! so spricht der Herr, wie unerschütterlich der
Tabor unter Bergen sich erhebt und des Karmels Gebirge am
Meere sich hinzieht, so gewiß geht auch mein Wort in Erfüllung:
Auswanderer=Rüstzeug kannst du dir vorbereiten, Inwohnerin
Egyptens, denn deine Städte werden zu Trümmern, zur Wüste
unbewohnt. Denn es kommt vom Norden her dein Würger und
vor ihm werden auch deine Söldlinge nicht stille stehen, sie
werden flüchten allesammt, denn die Zeit deiner Heimsuchung
ist nahe und ihre Stimme zischt, wie die der Schlange. Mit
Kriegsmacht und gleich Holzfällern mit ihren Aexten kommen
die Feinde, um die Wälder auszurotten, mögen sie auch un=

burchbringlich scheinen, benn zahllos sind die Fäller. So wird ɔ
zu Schanden Egypten, überliefert werden in die Gewalt des
Volfes aus dem Norden und so straft der Herr Pharao und
Egypten, seine Götter, seine Fürsten und Alle, die auf sie ver=
trauten; Er gibt sie in die Hand berer, die nach ihrem Leben
trachten, in die Hand Nebukabnezars und seiner Diener, mag
auch dann das Land wie in den Tagen der Vorzeit bevölkert
sein. — Du aber mein Knecht Jakob, so spricht der Herr, zittere
und zage nicht, dein Helfer, wenn Er auch noch weit ist, Er
kommt boch, Er führt deine Nachkommen aus ihrer Gefangen=
schaft wieder heim und Israel wird wieder ruhig, frieblich und
sicher wohnen. Fürchte nicht, mein Knecht Jakob! wenn auch alle
Völfer untergehen, unter die Ich dich verstoßen habe, du wirst
nie verschwinden, wenn ich dich auch nach Verbienst züchtige und
bir nicht alles straflos hingehen lasse.

וּנְתַתִּים בְּיַד מְבַקְשֵׁי נַפְשָׁם וּבְיַד נְבוּכַדְרֶאצַּר
מֶלֶךְ־־בָּבֶל וּבְיַד עֲבָדָיו וְאַחֲרֵי־כֵן תִּשְׁכֹּן כִּימֵי־־
קֶדֶם נְאֻם־יְהוָה׃
וְאַתָּה אַל־תִּירָא עַבְדִּי יַעֲקֹב וְאַל־תֵּחַת יִשְׂרָאֵל
כִּי הִנְנִי מוֹשִׁיעֲךָ מֵרָחוֹק וְאֶת־זַרְעֲךָ מֵאֶרֶץ שִׁבְיָם
וְשָׁב יַעֲקוֹב וְשָׁקַט וְשַׁאֲנַן וְאֵין מַחֲרִיד׃ אַתָּה
אַל־תִּירָה עַבְדִּי־יַעֲקֹב נְאֻם־יְהוָה כִּי אִתְּךָ אָנִי כִּי
אֶעֱשֶׂה כָלָה בְּכָל־הַגּוֹיִם ׀ אֲשֶׁר הִדַּחְתִּיךָ שָׁמָּה
וְאֹתְךָ לֹא אֶעֱשֶׂה כָלָה וְיִסַּרְתִּיךָ לַמִּשְׁפָּט וְנַקֵּה לֹא
אֲנַקֶּךָ׃

בְּשַׁלַח.

(Richter 4, 4—23; 5, 1—31.)

וּדְבוֹרָה אִשָּׁה נְבִיאָה אֵשֶׁת לַפִּידוֹת הִיא
שֹׁפְטָה אֶת־יִשְׂרָאֵל בָּעֵת הַהִיא: וְהִיא יוֹשֶׁבֶת
תַּחַת־תֹּמֶר דְּבוֹרָה בֵּין הָרָמָה וּבֵין בֵּית־אֵל בְּהַר
אֶפְרָיִם וַיַּעֲלוּ אֵלֶיהָ בְּנֵי יִשְׂרָאֵל לַמִּשְׁפָּט: וַתִּשְׁלַח
וַתִּקְרָא לְבָרָק בֶּן־אֲבִינֹעַם מִקֶּדֶשׁ נַפְתָּלִי וַתֹּאמֶר
אֵלָיו הֲלֹא־צִוָּה ׀ יְהֹוָה אֱלֹהֵי־יִשְׂרָאֵל לֵךְ וּמָשַׁכְתָּ
בְּהַר תָּבוֹר וְלָקַחְתָּ עִמְּךָ עֲשֶׂרֶת אֲלָפִים אִישׁ מִבְּנֵי
נַפְתָּלִי וּמִבְּנֵי זְבֻלוּן:

Zur Zeit, da noch Richter über Israel herrschten, war die
Prophetin Deborah eine von den Richtern des Volkes. Zu ihrer
Zeit schmachtete das Land unter dem Drucke des mächtigen
Jaban, Königs der Kanaaniter. Um das Volk zu befreien,
berief Deborah den Helden Barak und eiferte ihn an, gegen
die Fremden zu ziehen. Dieser sprach: „Ich ziehe gerne in den
Streit, doch nur mit dir." Deborah erwiderte: Wohlan! ich
gehe mit; doch weil du ohne ein Weib nichts ausführen willst,
soll auch in diesem Kriege der höchste Triumph einem Weibe
zu Theil werden." — Sie zogen zur Schlacht, und besiegten
den Feind. Der oberste Feldherr, der Gegner, Sisera mußte
flüchten und Barak eilte ihm nach. Auf der Flucht kam Sisera
an dem Hause einer Frau, namens Joël vorbei und da er
ermattet war, folgte er ihrem Rathe, bei ihr sich zu verbergen
und dort auszuruhen. Im Schlafe aber schlich sich die muthige
Frau zu ihm hin und tödtete den Feind Israels. Als nun
Barak, der Verfolger, kam, führte sie ihn in's Haus und zeigte
ihm den todten Anführer. So ging das Wort der Deborah in
Erfüllung.

Zur Erinnerung an diesen Sieg wurde ein Lied gesungen, ein Lied von Barak und Deborah: „Da noch Zerfahrenheit herrschte in Israel, da gab sich endlich das Volk willig hin — Preis dafür Dir, o Herr!

Ihr Fürsten und Herrscher! Lasset uns singen dem Herrn dem Gotte Israels, vor dem Himmel und Erde erbebten, als er dem Volke voranzog, selbst der Sinai erzitterte vor Ihm. — In den Zeiten der Richter entleerte sich das Land und unrechte Wege wandelte das Volk, bis du Deborah erstandest, du, die Mutter Israels. — Als Jakobs Söhne Götzendiener wurden, da stand der Feind vor ihren Thoren und weder Schild noch Lanze ließ zur Vertheidigung sich sehen. Doch nun jauchzt mein Herz den Führern Israels zu, die für ihr Volk sich aufopfern. — Preis dafür dem Herrn! Ihr Kaufleute und Wanderer, ihr Hirten und Schäfer! Preiset Gottes Gerechtigkeit, seine Liebe, als auszog sein Volk zum Kriege. — Auf, auf! Deborah, eifere an durch dein Lied, erhebe dich Barak! führe deine Gefangenen zurück! Der Auserlesenste der Helden, der Herr selbst, besiegt für uns die Kriegsgewohnten.

Der Stamm Efraim zog wider Amalek, Benjamin war sein Verbündeter, von Machir erstanden Gesetzgeber, von Sebulun Schriftkundige und Isachars Fürsten zogen in Krieg mit Deborah. Warum zögert ihr andern Stämme, euch auszuzeichnen? Was träumst, du zwischen Heerden, Ruben? Was rufst du, Gilead jenseits des Jordans? Dan auf deinen Schiffen, während Sebulun und Naftali ihr Leben preiszugeben bereit sind?

Als nun Kanaans Fürsten kamen, zum Streite zogen, da holten sie sich keine Beute, denn der Himmel, die Sterne selbst, kämpften wider Sisera. Und die strömende Flut raffte sie hinweg; mit Macht traten wir auf, es stampften die Hufe der Rosse vom Einherjagen der Gewaltigen, — Fluch denen, die, feige, nicht mitzogen in den Streit des Herrn! Gesegnet, sei aber Joël unter den züchtigen Frauen.

Nach Wasser begehrte er, sie aber reichte ihm Rahm in kostbarer Schale. Dann erfaßte die zarte Hand den Nagel, ihre Rechte den Hammer und spaltet das Haupt Siseras, daß er zusammenstürzt, überwunden sich krümmt und hinfällt.

Indeß blickt sehnsüchtig aus dem Fenster die Mutter Siseras: „Was zögert er so lange, warum höre ich nicht seiner Rosse Getöse?" Ihre Frauen und sie selbst sprechen sich Trost zu: „Haben sie denn nicht mit Beuteauflesen, mit Beutevertheilen zu thun? Sisera nimmt zur Beute bunte, gewirkte Gewänder von dem Nacken der Besiegten." — (Doch er ging unter und so verschwinden auch alle Feinde des Herrn, doch die Ihn verehren, strahlen wie die ersten Sonnenstrahlen in ihrer Herrlichkeit.)

חַכְמוֹת שָׂרוֹתֶיהָ תַּעֲנֶנָּה אַף־הִיא תָּשִׁיב
אֲמָרֶיהָ לָהּ: הֲלֹא יִמְצְאוּ יְחַלְּקוּ שָׁלָל רַחַם רַחֲמָתַיִם
לְרֹאשׁ גֶּבֶר שְׁלַל צְבָעִים לְסִיסְרָא שְׁלַל צְבָעִים
רִקְמָה צֶבַע רִקְמָתַיִם לְצַוְּארֵי שָׁלָל: כֵּן יֹאבְדוּ
כָל־אוֹיְבֶיךָ יְהוָה וְאֹהֲבָיו כְּצֵאת הַשֶּׁמֶשׁ בִּגְבֻרָתוֹ
וַתִּשְׁקֹט הָאָרֶץ אַרְבָּעִים שָׁנָה:

יִתְרוֹ.

(Jeſaia 6, 1—13; 7, 1—6; 9, 6—7.)

בִּשְׁנַת־מוֹת הַמֶּלֶךְ עֻזִּיָּהוּ וָאֶרְאֶה אֶת־אֲדֹנָי
יֹשֵׁב עַל־כִּסֵּא רָם וְנִשָּׂא וְשׁוּלָיו מְלֵאִים אֶת־
הַהֵיכָל: שְׂרָפִים עֹמְדִים ׀ מִמַּעַל לוֹ שֵׁשׁ כְּנָפַיִם
שֵׁשׁ כְּנָפַיִם לְאֶחָד בִּשְׁתַּיִם ׀ יְכַסֶּה פָנָיו וּבִשְׁתַּיִם
יְכַסֶּה רַגְלָיו וּבִשְׁתַּיִם יְעוֹפֵף: וְקָרָא זֶה אֶל־זֶה,
וְאָמַר קָדוֹשׁ ׀ קָדוֹשׁ קָדוֹשׁ יְהוָה צְבָאוֹת מְלֹא
כָל־הָאָרֶץ כְּבוֹדוֹ:

Im Todesjahre des Königs Uſija, da ſah ich im Geiſte
den Herrn, ſitzend auf erhabenem Throne und die Enden ſeines
Umwurfes füllten den Tempel. Oben, Ihm zur Seite ſtanden
Engel, deren jeder ſechs Flügel hatte; mit vieren deckten ſie
die göttliche Geſtalt und mit zweien ſchwangen ſie ſich in uner=
meßliche Höhen und riefen einander zu: Heilig, heilig, heilig
iſt der Herr, von deſſen Herrlichkeit die Erde voll iſt. Vor
dieſen Stimmen erbebten die Pfoſten der Thore und mit Rauch
füllte ſich der Tempel. Da-ſchrie ich auf: „Wehe mir! jetzt
muß ich vergehen, denn ein Menſch bin ich, mit unreinen Lippen,
weilend unter einem Volke mit unreinen Lippen, wie durften
meine Augen den Abglanz Gottes ſehen!" Da flog ein Engel
an mich heran, in ſeiner Hand hielt er eine feurige Kohle, die
er mit einer Zange vom Altar genommen, berührte mit ihr
meine Lippen und ſprach: Siehe Jeſaia! mit dieſer Berührung
weichen deine Sünden, gereinigt biſt du von allem Fehl. Da
plötzlich hörte ich auch eine Stimme fragen: Wen ſoll Ich ſen=
den? Wer will für Mich gehen?" Und ich ſprach: „Sende
mich!" Da antwortete die Stimme: So gehe denn und ſage
dem Volke Iſrael: ihr, die Ihr Mahnung anhöret, ohne zu

verstehen, Zeichen sehet, ohne einzusehen! Verstockt wird euer
Herz bleiben, euere Ohren taub, blöde euere Augen; ihr wer=
bet nicht sehen, noch hören; euer Herz wird keine Vernunft an=
nehmen und nicht geheilt werden, bis euere Städte unbewohnt,
euere Häuser entleert, euere Aecker verwüstet werden und Gott
euch aus dem Lande verjagt, daß es ganz verlassen sei und
selbst der Rest wird vertilgt. Doch, wie die Eiche und Tere=
binthe werdet ihr wieder aufsprossen, so die Wurzel beim Fällen
unversehrt bleibt.

Als einst Israel und Aram gegen Juda in den Kampf
zogen und Judas Herz erzitterte, wie die Bäume des Waldes
im Sturme, da sprach der Herr zu Jesaia: Gehe hin zum
Könige Judas und sage ihm, daß er ruhig und muthig bleibe,
nicht bebe, noch zage vor solch zwei ausgefohlten Stümpfen, vor
nur noch rauchenden Feuerbränden: vor Israel und Aram, die
da sprechen: „Lasset uns gegen Juda ziehen und es zertrüm=
mern, einen andern König darin einsetzen!“ Fürchte nicht!
denn, dem Königshause wird ein Sohn geboren, der zur Herr=
schaft gelangt, ein Weiser, ein Held, ein Friedensfürst genannt
wird; seine Herrschaft wird mächtig sein, sein Friede dauernd
durch Recht und Biederkeit wird er David's Thron stützen und
festigen für ewige Zeiten. Das bewirkt der Eifer für Gott,
den Herrn.

נַעֲלֶה בִיהוּדָה וּנְקִיצֶנָּה וְנַבְקִיעֶנָּה אֵלֵינוּ
וְנַמְלִיךְ מֶלֶךְ בְּתוֹכָהּ אֵת בֶּן־טָבְאַל :
כִּי־יֶלֶד יֻלַּד־לָנוּ בֵּן נִתַּן־לָנוּ וַתְּהִי הַמִּשְׂרָה
עַל־שִׁכְמוֹ וַיִּקְרָא שְׁמוֹ פֶּלֶא יוֹעֵץ אֵל גִּבּוֹר אֲבִי־
עַד שַׂר־שָׁלוֹם : לְמַרְבֵּה הַמִּשְׂרָה וּלְשָׁלוֹם אֵין־קֵץ
עַל־כִּסֵּא דָוִד וְעַל־מַמְלַכְתּוֹ לְהָכִין אֹתָהּ וּלְסַעֲדָהּ
בְּמִשְׁפָּט וּבִצְדָקָה מֵעַתָּה וְעַד־עוֹלָם קִנְאַת יְהוָה
צְבָאוֹת תַּעֲשֶׂה־זֹּאת :

מִשְׁפָּטִים.

(Jeremia 34, 8—22; 33, 25—26.)

הַדָּבָר אֲשֶׁר־הָיָה אֶל־יִרְמְיָהוּ מֵאֵת יְהֹוָה אַחֲרֵי
כְּרֹת הַמֶּלֶךְ צִדְקִיָּהוּ בְּרִית אֶת־כָּל־הָעָם אֲשֶׁר
בִּירוּשָׁלַיִם לִקְרֹא לָהֶם דְּרוֹר: לְשַׁלַּח אִישׁ אֶת־
עַבְדּוֹ וְאִישׁ אֶת־שִׁפְחָתוֹ הָעִבְרִי וְהָעִבְרִיָּה חָפְשִׁים
לְבִלְתִּי עֲבָד־בָּם בִּיהוּדִי אָחִיהוּ אִישׁ: וַיִּשְׁמְעוּ כָל־
הַשָּׂרִים וְכָל־הָעָם אֲשֶׁר־בָּאוּ בַבְּרִית לְשַׁלַּח אִישׁ
אֶת־עַבְדּוֹ וְאִישׁ אֶת־שִׁפְחָתוֹ חָפְשִׁים לְבִלְתִּי עֲבָד־
בָּם עוֹד וַיִּשְׁמְעוּ וַיְשַׁלֵּחוּ:

Als Zedekia, König von Juda, übereinstimmend mit dem
ganzen Volke ein Freiheitsjahr verkündete und alle Fürsten,
wie sämmtliches Volk ihren israelitischen Sclaven die Freiheit
gaben und sie entließen, doch nachher die That bereuend, die
Freien wieder zum Frohndienste zwangen, da erging das Wort
Gottes an Jeremia: So spricht der Herr: „Euren Ahnen
gebot ich, nach Verlauf von 7 Jahren ihren Dienern Freiheit
zu geben, sie aber gehorchten nicht, neigten ihr Ohr meiner
Mahnung nicht zu. Nun bessertet ihr euch, wolltet Recht üben,
schloßet einen Bund im Gotteshause, daß Jeder seinen Sclaven entlasse, doch siehe! ihr brachet den Bund und machtet
die Freigelassenen wieder dienstbar. Doch nun höret! Weil ihr
dies gethan, wird Schwert, Pest und Hunger über euch kommen, daß ihr zum Entsetzen aller Nationen werdet.

Und die Fürsten Judas und Jerusalems, die Priester,
das ganze Volk, Alle, die den Schwur gebrochen, werde Ich
in die Gewalt ihrer Feinde und ihrer Widersacher geben, fallen werden sie und den Raubthieren zur Nahrung sein. Be-

bekia aber, ben König unb feine Fürften, liefere ich in bie Gewalt ihrer Feinbe, bes Heeres von Babylon. Unb auch Jerufalem foll belagert, eingenommen unb verbrannt werben unb Jubas Stäbte werben zu unbewohnten Trümmerhaufen. Doch, wie Ich meinen Bunb mit ben Tageszeiten gefchloffen, Erbe unb Himmel ihre Gefetze verliehen habe, fo werbe ich einft Davibs Nachkommen nicht verachten unb herrfchen wer- ben fie über ganz Iirael, beffen ich mich wieber erbarme.

הִנְנִי מְצַוֶּה נְאָם־יְהוָה וַהֲשִׁבֹתִים אֶל־הָעִיר
הַזֹּאת וְנִלְחֲמוּ עָלֶיהָ וּלְכָדוּהָ וּשְׂרָפֻהָ בָאֵשׁ וְאֶת־
עָרֵי יְהוּדָה אֶתֵּן שְׁמָמָה מֵאֵין יֹשֵׁב׃

כֹּה אָמַר יְהוָה אִם־לֹא בְרִיתִי יוֹמָם וָלָיְלָה
חֻקּוֹת שָׁמַיִם וָאָרֶץ לֹא־שָׂמְתִּי׃ גַּם־זֶרַע יַעֲקֹב וְדָוִד
עַבְדִּי אֶמְאַס מִקַּחַת מִזַּרְעוֹ מֹשְׁלִים אֶל־זֶרַע אַבְרָהָם
יִשְׂחָק וְיַעֲקֹב כִּי־אָשִׁיב אֶת־שְׁבוּתָם וְרִחַמְתִּים׃

תְּרוּמָה.

וַיהוָֹה נָתַן חָכְמָה לִשְׁלֹמֹה כַּאֲשֶׁר דִּבֶּר־לוֹ
וַיְהִי שָׁלֹם בֵּין חִירָם וּבֵין שְׁלֹמֹה וַיִּכְרְתוּ בְרִית
שְׁנֵיהֶם: וַיַּעַל הַמֶּלֶךְ שְׁלֹמֹה מַס מִכָּל־יִשְׂרָאֵל וַיְהִי
הַמַּס שְׁלֹשִׁים אֶלֶף אִישׁ: וַיִּשְׁלָחֵם לְבָנוֹנָה עֲשֶׂרֶת
אֲלָפִים בַּחֹדֶשׁ חֲלִיפוֹת חֹדֶשׁ יִהְיוּ בַלְּבָנוֹן שְׁנַיִם
חֳדָשִׁים בְּבֵיתוֹ וַאֲדֹנִירָם עַל־הַמַּס:

Der Herr schenkte Weisheit dem Könige Salomo und
dieser schloß einen Freundschaftsbund mit Chiram, König von
Tyrus. Der König Salomo wollte dem Herrn einen Tempel
errichten und er nahm Lastträger und Steinhauer in großer
Zahl und ernannte Aufseher über die Arbeit im Libanon und
in Jerusalem. Vierhundertachtzig Jahre nach dem Auszuge aus
Egypten wurde an den Bau des Tempels gegangen. Lang und
tief war das Gotteshaus, mit mächtigen Hallen, überwölbten
und vergitterten Fenstern, mit Cedernholz eingelegt. Um das
Haus gingen drei Gänge und Wendeltreppen führten von
einem zum andern. Das ganze Haus war aus bereits zuge-
hauenen Steinen gebaut, so daß kein Hammer, keine Art im
Hause erklang. Als das Haus erbaut war, da sprach der
Herr zu Salomo:

So Du meine Wege wandelst, meine Gesetze und Rechte
beobachtest, dann wird dieses Haus bestehen und Ich halte
aufrecht das Versprechen, das ich David gegeben, und thronen
werde Ich in Israel, werde mein Volk nie verlassen.

וַיְהִי דְבַר־יְהוָה אֶל־שְׁלֹמֹה לֵאמֹר: הַבַּיִת הַזֶּה

אֲשֶׁר־אַתָּה בֹנֶה אִם־תֵּלֵךְ בְּחֻקֹּתַי וְאֶת־מִשְׁפָּטַי
תַּעֲשֶׂה וְשָׁמַרְתָּ אֶת־כָּל־מִצְוֹתַי לָלֶכֶת בָּהֶם וַהֲקִימֹתִי
אֶת־דְּבָרִי אִתָּךְ אֲשֶׁר דִּבַּרְתִּי אֶל־דָּוִד אָבִיךָ:
וְשָׁכַנְתִּי בְּתוֹךְ בְּנֵי יִשְׂרָאֵל וְלֹא אֶעֱזֹב אֶת־עַמִּי
יִשְׂרָאֵל:

אַתָּה בֶן־אָדָם הַגֵּד אֶת־בֵּית־יִשְׂרָאֵל אֶת־
הַבַּיִת וְיִכָּלְמוּ מֵעֲוֺנוֹתֵיהֶם וּמָדְדוּ אֶת־תָּכְנִית: וְאִם־
נִכְלְמוּ מִכֹּל אֲשֶׁר עָשׂוּ צוּרַת הַבַּיִת וּתְכוּנָתוֹ
וּמוֹצָאָיו וּמוֹבָאָיו וְכָל־צוּרֹתָיו וְאֵת כָּל־חֻקֹּתָיו
וְכָל־צוּרֹתָיו וְכָל־תּוֹרֹתָיו הוֹדַע אוֹתָם וּכְתֹב
לְעֵינֵיהֶם וְיִשְׁמְרוּ אֶת־כָּל־צוּרָתוֹ וְאֶת־כָּל־חֻקֹּתָיו
וְעָשׂוּ אוֹתָם: זֹאת תּוֹרַת הַבָּיִת עַל־רֹאשׁ הָהָר
כָּל־גְּבֻלוֹ סָבִיב ׀ סָבִיב קֹדֶשׁ קָדָשִׁים הִנֵּה־זֹאת
תּוֹרַת הַבָּיִת:

d. A.

Menschensohn! Verkünde Israel, daß es das Gotteshaus auf den alten Trümmern wieder errichte, daß sie sich endlich ihrer Sünden schämen mögen. Sage ihnen, daß sie den Grundriß abmessen, laß sie wissen die Form des Hauses, seine Aus= und Eingänge, alle Entwürfe, alle Zeichnungen und Formen des Hauses, wie lang, wie tief es sei, die Größe seiner Hallen, des Altars; thue ihnen auch kund, daß freier Raum um den Tempel sei, der nicht geschändet werden darf. Sage weiter den Leviten und Priestern, daß sie zur Einweihung des Hauses große Opfer bringen, sieben Tage lang sollen Sühn= und Ganzopfer dargebracht werden, um den Altar zu weihen, dann erst ist es ein Haus Gottes, dann erst erhört euch der Herr mit Wohlgefallen.

שִׁבְעַת יָמִים תַּעֲשֶׂה שְׂעִיר־חַטָּאת לַיּוֹם וּפַר
בֶּן־בָּקָר וְאַיִל מִן־הַצֹּאן תְּמִימִים יַעֲשׂוּ: שִׁבְעַת

יָמִים יְכַפְּרוּ אֶת־הַמִּזְבֵּחַ וְטִהֲרוּ אֹתוֹ וּמִלְאוּ יָדָיו׃
וִיכַלּוּ אֶת־הַיָּמִים וְהָיָה בַיּוֹם הַשְּׁמִינִי וָהָלְאָה יַעֲשׂוּ
הַכֹּהֲנִים עַל־הַמִּזְבֵּחַ אֶת־עוֹלוֹתֵיכֶם וְאֶת־שַׁלְמֵיכֶם
וְרָצִאתִי אֶתְכֶם נְאֻם אֲדֹנָי יְהֹוִה׃

כִּי תִשָּׂא.

(Könige I. 18, 1—39.)

וַיְהִי יָמִים רַבִּים וּדְבַר יְהֹוָה הָיָה אֶל־אֵלִיָּהוּ
בַּשָּׁנָה הַשְּׁלִישִׁית לֵאמֹר לֵךְ הֵרָאֵה אֶל־אַחְאָב
וְאֶתְּנָה מָטָר עַל־פְּנֵי הָאֲדָמָה: וַיֵּלֶךְ אֵלִיָּהוּ לְהֵרָאוֹת
אֶל־אַחְאָב וְהָרָעָב חָזָק בְּשֹׁמְרוֹן: וַיִּקְרָא אַחְאָב
אֶל־עֹבַדְיָהוּ אֲשֶׁר עַל־הַבָּיִת וְעֹבַדְיָהוּ הָיָה יָרֵא אֶת־
יְהֹוָה מְאֹד:

Und die Hungersnoth war groß in Israel, da sprach der Herr zum Propheten Elia: Gehe, erscheine vor Achab, dem Könige Israels und verkünde ihm, daß Ich Regen sende dem Lande. Zur selben Zeit befahl Achab seinem Haushofmeister Obadja, der ein frommer Mann war und hundert Propheten vor Untergang rettete, daß er nach Wasser und Futter für die Thiere des Hofes sehe, ja er selbst zog aus um das Land zu besichtigen. Auf dem Wege traf Obadja den Elia, der ihm gebot, seine Ankunft dem Könige anzumelden. Dieser gab dem Propheten zu erwägen, daß der König ihn hasse, nach seinem Leben trachte, doch Elia beharrte darauf. Nun gieng Obadja zum König und verkündete ihm die Worte Elias. Als Achab dies vernahm, gieng er eilends dem Elia entgegen und sprach: „Bist du da, du Untergräber Israels?" „Du bist's mitsammt deinen Vätern!" erwiderte der Prophet, „da ihr Götzen nach= gehet; doch jetzt folge meinen Worten, laß das Volk und alle Götzenpropheten am Berge Karmel sich versammeln. — So geschah es auch. Als Elia Alle versammelt sah, da sprach er zum Volke: „Wie lange noch wollet ihr nach zwei Seiten hinken?! Ist der Herr euer Gott, so dienet ihm, glaubet ihr aber an den Götzen Baal, so seiet dessen Diener". Auf diese Anklage schwieg das Volk. — Und Elia sprach weiter: „Wohlan denn! Nehmet zwei Stiere, baut Altäre, ihr Götzendiener, leget das Opfer darauf und dies sei das Zeichen: Steigt Feuer vom Himmel herab und verzehrt euer Opfer, so ist Baal der wahre Gott, wo aber nicht, dann ist er ein falscher Götze." Das Volk willigte ein und die Götzendiener errichteten den Altar, legten das Opfer zurecht und schrien, tanzten vom Morgen bis Abend, machten sich Einschnitte, (daß Blut aus ihren Wangen floß)— doch kein Wunder zeigte sich; Elia aber rief höhnend: Betet lauter, vielleicht schläft euer Gott, oder ist auf Reisen!" Es frommte aber kein Beten, kein Schreien. Als es Abend wurde, da sprach Elia zum Volke: „Nun tretet näher und sehet die Wunderthat des wahren Gottes!"

Er ließ einen neuen Altar bauen, legte sein Opfer zurecht und flehte: Herr der Welt! Gott meiner Vorväter! Thue es bekannt ganz Israel, daß ich Dein Knecht, daß ich auf Dein Geheiß handle. Erhöre mich o Herr! daß alle Dich erkennen und ihr bethörtes Herz bessern!" Da fiel plötzlich zuckendes Feuer vom Himmel und verzehrte das Opfer und den ganzen Altar. Als das Volk dies sah, fiel es zu Boden und rief: „Der Herr ist der wahre Gott!"

עֲנֵנִי יְהֹוָה עֲנֵנִי וְיֵדְעוּ הָעָם הַזֶּה כִּי־אַתָּה יְהֹוָה הָאֱלֹהִים וְאַתָּה הֲסִבֹּתָ אֶת־לִבָּם אֲחֹרַנִּית: וַתִּפֹּל אֵשׁ־יְהֹוָה וַתֹּאכַל אֶת־הָעֹלָה וְאֶת־הָעֵצִים וְאֶת־הָאֲבָנִים וְאֶת־הֶעָפָר וְאֶת־הַמַּיִם אֲשֶׁר בַּתְּעָלָה לִחֵכָה: וַיַּרְא כָּל־הָעָם וַיִּפְּלוּ עַל־פְּנֵיהֶם וַיֹּאמְרוּ יְהֹוָה הוּא הָאֱלֹהִים יְהֹוָה הוּא הָאֱלֹהִים:

וַיַּקְהֵל.

(Könige I. 7, 40—50.)

וַיַּעַשׂ חִירוֹם אֶת־הַכִּיֹּרוֹת וְאֶת־הַיָּעִים וְאֶת־
הַמִּזְרָקוֹת וַיְכַל חִירָם לַעֲשׂוֹת אֶת־כָּל־־הַמְּלָאכָה
אֲשֶׁר עָשָׂה לַמֶּלֶךְ שְׁלֹמֹה בֵּית יְהוָה: עַמֻּדִים שְׁנַיִם
וְגֻלֹּת הַכֹּתֶרֶת אֲשֶׁר עַל־רֹאשׁ הָעַמּוּדִים שְׁתָּיִם
וְהַשְּׂבָכוֹת שְׁתַּיִם לְכַסּוֹת אֶת־שְׁתֵּי גֻּלֹּת הַכֹּתָרֹת
אֲשֶׁר עַל־רֹאשׁ הָעַמּוּדִים: וְאֶת־הָרִמֹּנִים אַרְבַּע
מֵאוֹת לִשְׁתֵּי הַשְּׂבָכוֹת שְׁנֵי־טוּרִים רִמֹּנִים לַשְּׂבָכָה
הָאֶחָת לְכַסּוֹת אֶת־שְׁתֵּי גֻּלֹּת הַכֹּתָרֹת אֲשֶׁר עַל־
פְּנֵי הָעַמּוּדִים:

Chiram, der Verbündete Salomos, ließ für den Tempel
zu Jerusalem von seinen Handwerkern alle Becken, Schaufeln
und Schalen verfertigen. Sodann zwei Säulen mit Knäufen
verziert, zum Schmucke der Gitter vierhundert Granatäpfel,
Gestelle für die Waschbecken, all' diese Geräthe wurden aus
Kupfer bereitet, am Ufer des Jordan wurden sie in Lehmerde
gegossen. Salomo selbst aber ließ die göttlichen Geräthe: den
Altar, den Tisch, die zehn Leuchter, die Schalen, die Messer,
die Löffel, die Pfannen, die Angeln an den inneren Thüren
des Hauses und zum Allerheiligsten aus gebiegenem Golde
verfertigen.

וַיַּעַשׂ שְׁלֹמֹה אֵת כָּל־הַכֵּלִים אֲשֶׁר בֵּית יְהוָה
אֵת מִזְבַּח הַזָּהָב וְאֶת־הַשֻּׁלְחָן אֲשֶׁר עָלָיו לָחֶם

הַפָּנִים זָהָב: וְאֶת־הַמְּנֹרוֹת חָמֵשׁ מִיָּמִין וְחָמֵשׁ
מִשְּׂמֹאול לִפְנֵי הַדְּבִיר זָהָב סָגוּר וְהַפֶּרַח וְהַנֵּרֹת
וְהַמֶּלְקָחַיִם זָהָב: וְהַסִּפּוֹת וְהַמְזַמְּרוֹת וְהַמִּזְרָקוֹת
וְהַכַּפּוֹת וְהַמַּחְתּוֹת זָהָב סָגוּר וְהַפֹּתוֹת לְדַלְתוֹת
הַבַּיִת הַפְּנִימִי לְקֹדֶשׁ הַקֳּדָשִׁים לְדַלְתֵי הַבַּיִת
לַהֵיכָל זָהָב:

פְּקוּדֵי.

וַתִּשְׁלַם כָּל־הַמְּלָאכָה אֲשֶׁר עָשָׂה הַמֶּלֶךְ שְׁלֹמֹה
בֵּית יְהֹוָה וַיָּבֵא שְׁלֹמֹה אֶת־קָדְשֵׁי ׀ דָּוִד אָבִיו אֶת־
הַכֶּסֶף וְאֶת־הַזָּהָב וְאֶת־הַכֵּלִים נָתַן בְּאֹצְרוֹת בֵּית
יְהֹוָה: אָז יַקְהֵל שְׁלֹמֹה אֶת־זִקְנֵי יִשְׂרָאֵל וְאֶת־כָּל־
רָאשֵׁי הַמַּטּוֹת נְשִׂיאֵי הָאָבוֹת לִבְנֵי יִשְׂרָאֵל אֶל־
הַמֶּלֶךְ שְׁלֹמֹה יְרוּשָׁלָ͏ִם לְהַעֲלוֹת אֶת־אֲרוֹן בְּרִית־
יְהֹוָה מֵעִיר דָּוִד הִיא צִיּוֹן: וַיִּקָּהֲלוּ אֶל־הַמֶּלֶךְ
שְׁלֹמֹה כָּל־אִישׁ יִשְׂרָאֵל בְּיֶרַח הָאֵתָנִים בֶּחָג הוּא
הַחֹדֶשׁ הַשְּׁבִיעִי:

Als das Gotteshaus errichtet war, da ließ Salomo alle
Schätze, die sein Vater David gesammelt hatte, in die Schatz=
kammer des Tempels überführen. Dann versammelte er die
Aeltesten des Volkes, alle Fürstlichkeiten und brachte die Bun=
deslade aus der Zionsstadt in den Tempel. In der Lade waren
die zwei Steintafeln, auf denen die zehn Gebote aufgezeichnet
waren. Als auch die Opfer dargebracht waren und die
Priester ihre Dienste vollzogen hatten, da sprach Salomo:
„So habe ich denn die Stätte zu Deinem ewigen Sitze, o
Herr! erbauet!" Dann wandte er sich dem Volke zu und
segnete es. Darauf betete er wieder und sprach: „Gelobt
seist Du, o Herr! der Du meines Vaters Versprechen durch
mich erfüllen ließest. Als mein Vater dies Haus wollte errich=
ten lassen, da sprachst Du zu ihm: Wohl habe Ich bis heute
keinen Namen, keine Stadt, kein Haus auserwählt, wo allein
Mir gedient werden soll, doch weil Du dies göttliche Ziel

Dir gestellt, so soll es Deinem Sohne gegeben sein, das Gotteshaus Israels zu errichten. Des Herrn Wort ging nun in Erfüllung, auf den Thron meines Vaters ward ich gesetzt und Dein Haus habe ich gebaut ; da sei nun auch die Lade geborgen, in der aufgezeichnet ist der Bund, den Du, o Herr, mit unseren Vätern geschlossen hast, als Du aus Egypten sie geführt.

רַק אַתָּה לֹא תִבְנֶה הַבָּיִת כִּי אִם־בִּנְךָ הַיֹּצֵא
מֵחֲלָצֶיךָ הוּא־יִבְנֶה הַבַּיִת לִשְׁמִי: וַיָּקֶם יְהוָֹה אֶת־
דְּבָרוֹ אֲשֶׁר דִּבֵּר וָאָקֻם תַּחַת דָּוִד אָבִי וָאֵשֵׁב |
עַל־כִּסֵּא יִשְׂרָאֵל כַּאֲשֶׁר דִּבֶּר יְהוָֹה וָאֶבְנֶה הַבַּיִת
לְשֵׁם יְהוָֹה אֱלֹהֵי יִשְׂרָאֵל: וָאָשִׂים שָׁם מָקוֹם לָאָרוֹן
אֲשֶׁר־שָׁם בְּרִית יְהוָֹה אֲשֶׁר כָּרַת עִם־אֲבֹתֵינוּ
בְּהוֹצִיאוֹ אֹתָם מֵאֶרֶץ מִצְרָיִם:

Die Haphtaroth
für das dritte Buch Mosis.

וַיִּקְרָא.

(ישעיה 43, 21—28 ; 44. 1—2?.)

עַם־זוּ יָצַרְתִּי לִי תְּהִלָּתִי יְסַפֵּרוּ: וְלֹא־אֹתִי
קָרָאתָ יַעֲקֹב כִּי־יָגַעְתָּ בִּי יִשְׂרָאֵל: לֹא־הֵבֵיאתָ לִּי
שֵׂה עֹלֹתֶיךָ וּזְבָחֶיךָ לֹא כִבַּדְתָּנִי לֹא הֶעֱבַדְתִּיךָ
בְּמִנְחָה וְלֹא הוֹגַעְתִּיךָ בִּלְבוֹנָה:

Ich, der Herr, habe Mir Israel gebildet, daß es meinen
Ruhm verkünde. Doch du Israel rieffst nicht meinen Namen
an, geschweige, daß Du Mir zu Liebe dich bemüht hättest. Du
opfertest nicht Mir, ehrtest Mich nicht, dientest Mir nicht mit
Weihrauch und Opfern, sondern mit deinen Sünden und
Missethaten. Verzeihe Ich dir auch, dann lösche Ich nur
Meinethalben deine Frevel aus, gedenke nur Meinethalben deiner Gräuel nicht. Oder willst du etwa
mit Mir rechten? So erzähle doch deine guten Thaten! Schon
deine Ahnen sündigten wider Mich, deine Vertreter übten Unrecht, daß Jakob sammt seinen Fürsten Fluch, Israel Hohn
verdient hätte. Doch jetzt vernimm, Jakob, mein Knecht, Israel, das Ich auserwählt! So spricht der Herr, dein
Schöpfer, dein Bildner und Helfer: Fürchte nicht! Denn
wie Ich Wasser dem Durstigen, dem Verdorrten Regen zukom-
men lasse, so will Ich auch meinen Geist und meinen Segen
deinen Nachkommen geben, daß sie der Blume gleich aufblühen,
gleich der Weide den Wasserströmen. Der Eine nennt sich
Gottes Diener, der Zweite zeichnet sich mit Jakob's Namen,
Der schreibt sich für Gott und stolz ist Jener auf den Namen
Israel. Denn Ich bin der Erste und Letzte, außer Mir gibt es
keinen. Wer verkündet auch, ruft herbei das Kommende seit
Urbeginn gleich Mir? Wer thut mit Zeichen die Zukunft
kund? Darum zittert und fürchtet nicht, Ich sagte es auch
vom Anbeginn, daß es außer Mir keinen Gott gibt, keinen
Schutzfels. Die Götzenbildner sind selbst nichtig und unnütz
ihre Götter; bezeugen sie's doch selbst: sie hören und sehen

nicht. O mögen sie sich auch schämen! Wer wird einen Gott bilden, ein Bild gießen, das zu nichts frommen kann?! Daß sich doch auch alle Götzen schämen und die Künstler, die doch Menschen sind und zitternd, beschämt sich versammeln, bastehen. Sehet doch, man schmiedet das Eisen, bearbeitet es in der Gluth, bildet es mit Hämmern, verfertigt es mit den eigenen Armen, hungert, leibet Durst dabei und ermüdet. Oder man zimmert Holzstücke, spannt die Meßschnur, zeichnet mit dem Stifte, nimmt Hobel und Zirkel dazu, dann bildet man daraus eine Menschenform, um sie im Hause thronen zu lassen! Zu dem Zwecke fällt man Zedern, Eiche, Terebinte, wählt unter den Bäumen des Waldes, oder pflanzt sogar eine Esche, daß sie der Regen groß ziehe. Ein Theil des Baumes dient dem Menschen zum Heizen, er bäckt und kocht damit, den zweiten desselben macht er zum Götzen und neigt sich vor ihm zur Erde, betet zu ihm, daß er ihm helfe und spricht: „Du bist mein Gott!!" Wahrlich! das ist Unverstand und Unvernunft! wer das thut, dessen Augen sind geschlossen, dessen Herz nimmt keine Einsicht an. Sich nicht zu sagen: „Wie kann ich doch vor einem Ding mich bücken, dessen eine Hälfte ich zum Feuern, zum Backen und Kochen brauche!" und bethörten Herzens Raub nachzujagen, sich nicht retten wollen mit der Erkenntnis: „Es ist doch nur Trug, das meine Rechte hält!!" Denke du daran Israel, das Ich gebildet, mein Knecht sollst du sein, Ich vergesse deiner nicht. Wie Wolken fege Ich deine Sünden hinweg, kehre zu Mir zurück, Ich errette dich. Dann sollen auch die Himmel jauchzen, denn der Herr hat es vollbracht, es jubeln die Erde, die Berge, die Bäume, denn erlöst hat der Herr Israel, wird durch Jakob verherrlicht.

זְכָר־אֵלֶּה יַעֲקֹב וְיִשְׂרָאֵל כִּי עַבְדִּי־אָתָּה יְצַרְתִּיךָ
עֶבֶד־לִי אַתָּה יִשְׂרָאֵל לֹא תִנָּשֵׁנִי: מָחִיתִי כָעָב
פְּשָׁעֶיךָ וְכֶעָנָן חַטֹּאותֶיךָ שׁוּבָה אֵלַי כִּי גְאַלְתִּיךָ:
רָנּוּ שָׁמַיִם כִּי־עָשָׂה יְהוָֹה הָרִיעוּ תַּחְתִּיּוֹת אָרֶץ
פִּצְחוּ הָרִים רִנָּה יַעַר וְכָל־עֵץ בּוֹ כִּי־גָאַל יְהוָֹה
יַעֲקֹב וּבְיִשְׂרָאֵל יִתְפָּאָר:

צַו.

כֹּה אָמַר יְהֹוָה צְבָאוֹת אֱלֹהֵי יִשְׂרָאֵל עֹלוֹתֵיכֶם
סְפוּ עַל־זִבְחֵיכֶם וְאִכְלוּ בָשָׂר: כִּי לֹא דִבַּרְתִּי אֶת־
אֲבוֹתֵיכֶם וְלֹא צִוִּיתִים בְּיוֹם הוֹצִיא אוֹתָם מֵאֶרֶץ
מִצְרָיִם עַל־דִּבְרֵי עוֹלָה וָזָבַח: כִּי אִם־אֶת־הַדָּבָר
הַזֶּה צִוִּיתִי אוֹתָם לֵאמֹר שִׁמְעוּ בְקוֹלִי וְהָיִיתִי לָכֶם
לֵאלֹהִים וְאַתֶּם תִּהְיוּ־לִי לְעָם וַהֲלַכְתֶּם בְּכָל־הַדֶּרֶךְ
אֲשֶׁר אֲצַוֶּה אֶתְכֶם לְמַעַן יִיטַב לָכֶם:

So spricht der Herr, Israels Gott : Nehmt euer Ganz=
und Mehlopfer zusammen und verzehret selber das Fleisch.
Denn Ich habe eueren Vätern beim Auszuge aus Egypten
nicht das Opfern anbefohlen, sondern daß sie Mir gehorchen,
daß Ich euer Gott sei, ihr mein Volk, daß ihr die Wege
wandelt, die Ich euch zeige, auf daß es euch wohl ergehe.
Doch sie hörten nicht, sondern wandelten nach den Eingebun=
gen ihres bösen, verstockten Herzens, wandten Mir den Rücken,
nicht das Antlitz zu. — Seit Ich euere Väter aus der Knecht=
schaft befreit, bis heute, sandte Ich ohne Unterlaß meine Pro=
pheten. Doch jene gehorchten nicht, und diese sind hartnäckiger,
böser, als ihre Väter. Sagst du ihnen auch all dies, sie hören
nicht, antworten nicht, so du rufst ; und auch du magst ver=
künden : Dies Volk ist taub gegen Gottes Mahnruf, will keine
Lehre annehmen, dahin ist der Glauben, geschwunden von ihren
Lippen ! Darum schneide auch ab deine Haarkrone, Wehklage
nimm auf deine Lippe, denn es verachtet und verstößt der Herr
dies Geschlecht seines Zornes. Denn in meinem Tempel setzen
sie ein ihre Scheusale, um Mich zu schänden, bauen Anhöhen
und opfern dort Söhne und Töchter, was Ich doch nicht be=

5*

fohlen, Ich nicht gewollt habe. Darum sollen auch Zeiten
kommen, wo man auf diesen Anhöhen die Getödteten begraben
wird, aus Mangel an Raum, und die Leichen des Volkes wer=
den den Vögeln und Thieren zur Nahrung und vertilgen werde
Ich aus Judas Städten und Jerusalems Straßen das Freu=
dengejauchze, den Jubel der Bräute, zur Wüste wird das Land.
Und hervorzerren wird man die Gebeine der Könige, der Für=
sten, der Priester, der Propheten, aller Bewohner Juba's und
Jerusalem's aus ihren Gräbern, wird sie ausbreiten, vor der
Sonne, dem Mond und den Sternen, denen sie gedient, in denen
sie geforscht, vor die sie sich niedergeworfen haben und zum
Dünger sollen sie dem Boden werden. Dem Ueberrest aber wird
der Tod erwünschter denn das Leben sein an allen Orten, wo=
hin Ich sie verstoße, — so spricht der Herr. Darum ergeht
an Alle das Wort Gottes: Nicht brüste sich der Held mit sei=
ner Kraft, nicht der Weise mit seiner Weisheit, auch nicht der
Reiche mit seiner Habe, sondern des Menschen Ruhm sei, Mich
erkennen, einsehen, daß Ich der Herr bin, der Gnade, Recht
und Milde ausübt auf der Erde, denn daran allein finde Ich
Wohlgefallen.

וְנִבְחַר מָוֶת מֵחַיִּים לְכֹל הַשְּׁאֵרִית הַנִּשְׁאָרִים
מִן־הַמִּשְׁפָּחָה הָרָעָה הַזֹּאת בְּכָל־הַמְּקֹמוֹת הַנִּשְׁאָרִים
אֲשֶׁר הִדַּחְתִּים שָׁם נְאֻם יְהוָה צְבָאוֹת:
כֹּה ׀ אָמַר יְהוָה אַל־יִתְהַלֵּל חָכָם בְּחָכְמָתוֹ
וְאַל־יִתְהַלֵּל הַגִּבּוֹר בִּגְבוּרָתוֹ אַל־יִתְהַלֵּל עָשִׁיר
בְּעָשְׁרוֹ: כִּי אִם־בְּזֹאת יִתְהַלֵּל הַמִּתְהַלֵּל הַשְׂכֵּל
וְיָדֹעַ אוֹתִי כִּי אֲנִי יְהוָה עֹשֶׂה חֶסֶד מִשְׁפָּט וּצְדָקָה
בָּאָרֶץ כִּי־בְאֵלֶּה חָפַצְתִּי נְאֻם־יְהוָה:

שְׁמִינִי.

(Samuel II. 6 1—23 ; 7, 1—17.)

וַיֹּסֶף עוֹד דָּוִד אֶת־כָּל־בָּחוּר בְּיִשְׂרָאֵל שְׁלֹשִׁים
אָלֶף: וַיָּקָם | וַיֵּלֶךְ דָּוִד וְכָל־הָעָם אֲשֶׁר אִתּוֹ מִבַּעֲלֵי
יְהוּדָה לְהַעֲלוֹת מִשָּׁם אֵת אֲרוֹן הָאֱלֹהִים אֲשֶׁר־
נִקְרָא שֵׁם שֵׁם יְהוָה צְבָאוֹת יֹשֵׁב הַכְּרֻבִים עָלָיו:
וַיַּרְכִּבוּ אֶת־אֲרוֹן הָאֱלֹהִים אֶל־עֲגָלָה חֲדָשָׁה
וַיִּשָּׂאֻהוּ מִבֵּית אֲבִינָדָב אֲשֶׁר בַּגִּבְעָה וְעֻזָּא וְאַחְיוֹ
בְּנֵי אֲבִינָדָב נֹהֲגִים אֶת־הָעֲגָלָה חֲדָשָׁה:

David versammelte eine große Anzahl der edelsten Jüng=
linge und zog mit ihnen nach Gibea, um von dort die Bun=
desslade Gottes nach Jerusalem zu bringen. Auf dem Wege
der Heimath zu, da alle Versammelten mit Harfen und Po=
saunenschall, mit Trommeln und Flöten der Bundeslade zu=
jauchzten, starben plötzlich die Leviten, die die Lade trugen und
David konnte sie nach Jerusalem nicht bringen und so ließ er
sie 3 Monate hindurch bei einem Israeliten rasten. Nach
dieser Zeit zog David wieder aus die Bundeslade zu holen
und unter Freudengetöse brachte man sie in die Stadt, David
selbst sprang und sang vor ihr in seiner großen Herzens=
freude. Als seine Frau ihm dies Gebahren als ein ungeziemen=
des vorwarf, da erwiederte er: „Der Herr hat mich aus nie=
derem Hause zu solcher Höhe emporgetragen und vor seiner
Bundeslade soll ich nicht jauchzen?" Um diese Zeit hatte
David auch nicht mehr gegen Feinde zu kämpfen und offen=
barte dem Propheten Nathan seinen Willen, dem Herrn einen
Tempel zu errichten. Nachts aber erschien der Herr dem
Nathan und sprach: Gehe hin zu David und sage ihm: seit
Ich die Kinder Israel aus der Knechtschaft geführt bis heute

stand meine Lade nur im bescheidenen Zelte. Ich forderte nie ein festgefügtes, dauerndes Zedernhaus. Wie Ich dich der Heerde weggenommen, dich zum Fürsten über Israel salben ließ, und immer mit dir war, dir einen mächtigen, angesehenen Namen schuf, meinem Volke Sicherheit gab, so werde Ich auch weiter sein. Dein Sohn, der deinen Thron besteigen wird, er soll Mir ein Haus bauen und auch ihm will Ich ein Vater sein, wie er mein Sohn; meine Gnade weicht nicht von seinem Hause, sein Thron, seine Herrschaft werden ewig bestehen. Diese Worte und diese Erscheinung verkündete dann auch Nathan dem König David.

וְחַסְדִּי לֹא־יָסוּר מִמֶּנּוּ כַּאֲשֶׁר הֲסִרֹתִי מֵעִם
שָׁאוּל אֲשֶׁר הֲסִרֹתִי מִלְּפָנֶיךָ : וְנֶאְמַן בֵּיתְךָ
וּמַמְלַכְתְּךָ עַד־עוֹלָם לְפָנֶיךָ כִּסְאֲךָ יִהְיֶה נָכוֹן עַד־
עוֹלָם : כְּכֹל הַדְּבָרִים הָאֵלֶּה וּכְכֹל הַחִזָּיוֹן הַזֶּה
כֵּן דִּבֶּר נָתָן אֶל־דָּוִד :

תזריע.

(König II. 4, 42—44; 5, 1—19.)

וְאִישׁ בָּא מִבַּעַל שָׁלִשָׁה וַיָּבֵא לְאִישׁ הָאֱלֹהִים
לֶחֶם בִּכּוּרִים עֶשְׂרִים־לֶחֶם שְׂעֹרִים וְכַרְמֶל בְּצִקְלֹנוֹ
וַיֹּאמֶר תֵּן לָעָם וְיֹאכֵלוּ: וַיֹּאמֶר מְשָׁרְתוֹ מָה אֶתֵּן
זֶה לִפְנֵי מֵאָה אִישׁ וַיֹּאמֶר תֵּן לָעָם וְיֹאכֵלוּ כִּי כֹה
אָמַר יְהֹוָה אָכוֹל וְהוֹתֵר: וַיִּתֵּן לִפְנֵיהֶם וַיֹּאכְלוּ
וַיּוֹתִרוּ כִּדְבַר יְהֹוָה:

Naaman, einer der Feldherrn, der Aramäer war ange=
sehen und geachtet am Hofe seines Königs, denn schon manche
Siege hatte er erfochten. Dieser Mann ward vom Aussatze
behaftet, von dem ihn kein Kundiger des eigenen Landes be=
freien konnte. Im Hause des Naaman war eine israelitische
Magd, und diese sagte ihrer Herrin, daß der Prophet Israels
diese Krankheit heilen könne. Sogleich schrieb der König von
Aram an den Herrscher Israels und sandte mit Geschenken
den Naaman dorthin, Heilung zu finden. Als der König das
Schreiben las, erschrack er, wußte sich keinen Rath und dachte,
es wäre dies nur ein Vorwand für den kommenden Krieg.
Doch seine Diener riethen ihm, den Naaman zu dem Gottes=
manne Elischa zu schicken. Als derselbe zu Elischa kam und
sein Ansuchen vorbrachte, da befahl ihm der Prophet, sieben
Mal im Jordan zu baden. Zornig erwiderte der Feldherr:
„Sind etwa die Flüsse Aram's nicht ebenso heilbringend, wie
der Jordan? solchen Rath habe ich auch in meinem Lande!“
Doch auf das Drängen seiner Begleiter badete er doch im
Jordan und siehe! plötzlich ward sein Körper weiß und rein,
wie Schnee. Als er dies Wunder sah, da kehrte er wieder
um, trat vor Elischa und wollte ihm Geschenke geben, der aber
nahm trotz des Drängens keines an. Da sprach Naaman:

„Gib mir Erde eine Wagenlast voll von diesem Lande, daß
ich in meinem Orte dem Herrn, Deinem Gotte einen Altar
baue; doch verzeihe es mir Gott, wenn ich, gezwungen von
meinem König, den Heimathsgötzen Ehre erweise." Elischa antwortete: „Ziehe nur in Frieden!" und er zog von bannen.

וַיֹּאמֶר נַעֲמָן וָלֹא יֻתַּן־נָא לְעַבְדְּךָ מַשָּׂא צֶמֶד־
פְּרָדִים אֲדָמָה כִּי לוֹא־יַעֲשֶׂה עוֹד עַבְדְּךָ עֹלָה וָזֶבַח
לֵאלֹהִים אֲחֵרִים כִּי אִם־לַיהוָה: לַדָּבָר הַזֶּה יִסְלַח
יְהוָה לְעַבְדֶּךָ בְּבוֹא אֲדֹנִי בֵית־רִמּוֹן לְהִשְׁתַּחֲוֹת
שָׁמָּה וְהוּא ׀ נִשְׁעָן עַל־יָדִי וְהִשְׁתַּחֲוֵיתִי בֵּית רִמּוֹן
בְּהִשְׁתַּחֲוָיָתִי בֵּית רִמּוֹן יִסְלַח־נָא יְהוָה לְעַבְדְּךָ
בַּדָּבָר הַזֶּה: וַיֹּאמֶר לוֹ לֵךְ לְשָׁלוֹם וַיֵּלֶךְ מֵאִתּוֹ
כִּבְרַת אָרֶץ:

מְצוֹרָע.

(Könige II. 7, 3—29.)

וְאַרְבָּעָה אֲנָשִׁים הָיוּ מְצֹרָעִים פֶּתַח הַשָּׁעַר
וַיֹּאמְרוּ אִישׁ אֶל־רֵעֵהוּ מָה אֲנַחְנוּ יֹשְׁבִים פֹּה עַד־
מַתְנוּ: אִם־אָמַרְנוּ נָבוֹא הָעִיר וְהָרָעָב בָּעִיר וָמַתְנוּ
שָׁם וְאִם־יָשַׁבְנוּ פֹה וָמַתְנוּ וְעַתָּה לְכוּ וְנִפְּלָה אֶל־
מַחֲנֵה אֲרָם אִם־יְחַיֻּנוּ נִחְיֶה וְאִם־יְמִיתֻנוּ וָמָתְנוּ:
וַיָּקֻמוּ בַנֶּשֶׁף לָבוֹא אֶל־מַחֲנֵה אֲרָם וַיָּבֹאוּ עַד־
קְצֵה מַחֲנֵה אֲרָם וְהִנֵּה אֵין־שָׁם אִישׁ:

Während der Belagerung Samarias kam Hungersnoth über die Stadt. Da waren auch vier Aussätzige am Ende der Stadtthore und sprachen zu einander: „Was sitzen wir hier bis wir sterben? Gehen wir in die Stadt, so verhungern wir und auch hier ereilt uns dasselbe Ende. Machen wir uns daher auf und fallen wir in das Lager des Feindes, lassen sie uns am Leben, wohl! Wo nicht, was liegt daran?" Zur selben Zeit aber, vernahmen die Belagerer, daß der Egypter in ihr Land gedrungen sei und sie verließen flüchtend und eilend das Lager. Als nun die Aussätzigen hinkamen und alles vereinsamt fanden, da fingen sie an, die Schätze aufzulesen und zu verbergen. Dann aber sprachen sie: „Wir handeln doch nicht recht, eilen wir, lasset uns die frohe Botschaft sogleich dem König verkünden." Sie gingen, melbeten es und der König, vermeinend, daß die Feinde ihnen eine Falle gelegt hätten, sandte vorerst Leute, daß sie es ausforschen, ob die Aussätzigen die Wahrheit sprachen. Als man fand, daß das ganze Lager der Aramäer entleert sei und Kleider, Geräthe in Verwirrung umherlagen, da stürzte das Volk aus der Stadt, nahm reiche Beute und auch die Hungersnoth nahm ein rasches Ende.

וַיְהִי כְּדַבֵּר אִישׁ הָאֱלֹהִים אֶל־הַמֶּלֶךְ לֵאמֹר
סָאתַיִם שְׂעֹרִים בְּשֶׁקֶל וּסְאָה־סֹלֶת בְּשֶׁקֶל יִהְיֶה
כָעֵת מָחָר בְּשַׁעַר שֹׁמְרוֹן: וַיַּעַן הַשָּׁלִישׁ אֶת־אִישׁ
הָאֱלֹהִים וַיֹּאמַר וְהִנֵּה יְהוָה עֹשֶׂה אֲרֻבּוֹת בַּשָּׁמַיִם
הֲיִהְיֶה כַּדָּבָר הַזֶּה וַיֹּאמֶר הִנְּךָ רֹאֶה בְּעֵינֶיךָ וּמִשָּׁם
לֹא תֹאכֵל: וַיְהִי־לוֹ כֵּן וַיִּרְמְסוּ אֹתוֹ הָעָם בְּשַׁעַר
וַיָּמֹת:

אַחֲרֵי מוֹת.

(Amos 9, 7—15.)

הֲלוֹא כִּבְנֵי כֻשִׁיִּים אַתֶּם לִי בְּנֵי יִשְׂרָאֵל נְאֻם־
יְהֹוָה הֲלוֹא אֶת־יִשְׂרָאֵל הֶעֱלֵיתִי מֵאֶרֶץ מִצְרַיִם
וּפְלִשְׁתִּיִּים מִכַּפְתּוֹר וַאֲרָם מִקִּיר : הִנֵּה עֵינֵי | אֲדֹנָי
יְהֹוָה בַּמַּמְלָכָה הַחַטָּאָה וְהִשְׁמַדְתִּי אֹתָהּ מֵעַל פְּנֵי
הָאֲדָמָה אֶפֶס כִּי לֹא הַשְׁמֵיד אַשְׁמִיד אֶת־בֵּית
יַעֲקֹב נְאֻם־יְהֹוָה : כִּי הִנֵּה אָנֹכִי מְצַוֶּה וַהֲנִעוֹתִי
בְּכָל־הַגּוֹיִם אֶת־בֵּית יִשְׂרָאֵל כַּאֲשֶׁר יִנּוֹעַ בַּכְּבָרָה
וְלֹא־יִפּוֹל צְרוֹר אָרֶץ :

Sollet ihr nicht Mir meine Knechte sein, Kinder Israel?
spricht der Herr, habe Ich euch nicht herausgeführt aus dem
Lande Egypten? Doch nun ist mein Zorn wieder dies sün=
bige Königreich gerichtet, hinweg tilge Ich sie von der Ober=
fläche der Erde! Doch nein! Ich werde sie doch nicht ganz
ausrotten; sind die Sünder gestorben, die in ihrem Ueber=
muthe sprachen: „Uns erreicht kein Unheil," dann wird der
Ueberrest, von den Völkern hin und her geworfen, sein, wie
das Korn im Siebe, kein guter Theil fällt zur Erde, dann
werde Ich David's gefallene Burg wieder errichten, umzäune
ihre Risse, stelle her ihre Trümmer, wie sie einst waren und
in Besitz nehmen werden sie alle Nachbarländer. Tage wer=
den denn auch eintreffen, in denen Sense und Pflug, Keltern
und Säer einander auf dem Felde treffen, Berge werden Most
träufeln und Hügel werden zerfließen vor Fruchtbarkeit und
die Zurückgekehrten Israel's werden wüste Städte wohnbar
machen, Weinberge pflanzen, Gärten anlegen und die Früchte
auch selbst genießen und einmal zurückgepflanzt in den alten

Boben, werden sie nie und nimmer von bort vertrieben, so
spricht der Herr dein Gott.

הִנֵּה יָמִים בָּאִים נְאָם־יְהֹוָה וְנִגַּשׁ חוֹרֵשׁ בַּקֹּצֵר
וְדֹרֵךְ עֲנָבִים בְּמֹשֵׁךְ הַזָּרַע וְהִטִּיפוּ הֶהָרִים עָסִיס
וְכָל־הַגְּבָעוֹת תִּתְמוֹגַגְנָה׃ וְשַׁבְתִּי אֶת־שְׁבוּת עַמִּי
יִשְׂרָאֵל וּבָנוּ עָרִים נְשַׁמּוֹת וְיָשָׁבוּ וְנָטְעוּ כְרָמִים
וְשָׁתוּ אֶת־יֵינָם וְעָשׂוּ גַנּוֹת וְאָכְלוּ אֶת־פְּרִיהֶם׃
וּנְטַעְתִּים עַל־אַדְמָתָם וְלֹא יִנָּתְשׁוּ עוֹד מֵעַל אַדְמָתָם
אֲשֶׁר־נָתַתִּי לָהֶם אָמַר יְהֹוָה אֱלֹהֶיךָ׃

קְדֹשִׁים.

(Ezechiel 22, 1—16.)

וַיְהִי דְבַר־יְהֹוָה אֵלַי לֵאמֹר: וְאַתָּה בֶן־אָדָם
הֲתִשְׁפֹּט הֲתִשְׁפֹּט אֶת־עִיר הַדָּמִים וְהוֹדַעְתָּהּ אֵת
כָּל־תּוֹעֲבֹתֶיהָ: וְאָמַרְתָּ כֹּה אָמַר אֲדֹנָי יֱהֹוִה עִיר
שֹׁפֶכֶת דָּם בְּתוֹכָהּ לָבוֹא עִתָּהּ וְעָשְׂתָה גִלּוּלִים
עָלֶיהָ לְטָמְאָה:

Es erging das Wort Gottes an mich: Erdensohn!
willst du Urtheil fällen über diese Blutstadt? Nun! dann ver=
künde ihre Gräuel, sage ihr, daß ihr Blutvergießen das rä=
chende Verhängnis reifen läßt, daß sie den Götzen dient, um
sich dadurch zu verunreinigen. Durch das Blut, das du ver=
gossen, freveltest du, warst unrein durch deine Scheusale, jetzt
ist aber auch deine Zeit gekommen, du wirst den Völkern zum
Hohn, den Nationen zum Spotte. Alle werden dich schmähen,
deine Nachbarn wie die Fremden, du Unreine, du Zerfahrene!
Uebten doch deine Feinde das Hausrecht in deiner Mitte, nur
um Blut zu vergießen. In dir wurden Vater und Mutter
verachtet, der Fremdling wurde bedrückt, Waisen und Witwen
übervortheilt. Meine Heiligthümer entweihtest du, meine Sab=
bate hast du verachtet. Deine Leute waren Späher, hielten
Opfermahle auf Anhöhen, die Sittenlosigkeit war grenzenlos
in deinen Mauern. Bestechung wurde genommen, Zins, ja
selbst Wucherzins, man ging nur aus, den Nächsten zu betrü=
gen, so vergaßet ihr Meiner, eueres Herrn. Dafür schlage
Ich euch wegen eueres Eigennutzes und Blutvergießens. Nicht
wird mehr dein Herz verstockt, deine Hand kräftig sein, so Ich
Vergeltung bringe: Zerstreuen will Ich dich unter die Nati=
onen, versprengen unter die Völker, bis daß vertilgt wird
deine Unreinheit aus dir, entwürdigt stehst du durch dich selbst

vor den Völkern, dann wirst du erst einsehen, daß Ich der Herr bin.

הֲיַעֲמֹד לִבֵּךְ אִם־תֶּחֱזַקְנָה יָדַיִךְ לַיָּמִים אֲשֶׁר אֲנִי עֹשֶׂה אוֹתָךְ אֲנִי יְהֹוָה דִּבַּרְתִּי וְעָשִׂיתִי׃ וַהֲפִיצוֹתִי אוֹתָךְ בַּגּוֹיִם וְזֵרִיתִיךְ בָּאֲרָצוֹת וַהֲתִמֹּתִי טֻמְאָתֵךְ מִמֵּךְ׃ וְנִחַלְתְּ בָּךְ לְעֵינֵי גוֹיִם וְיָדַעַתְּ כִּי־אֲנִי יְהֹוָה׃

אֱמֹר.

(Ezechiel 44, 15--31.)

וְהַכֹּהֲנִים הַלְוִיִּם בְּנֵי צָדוֹק אֲשֶׁר שָׁמְרוּ אֶת־
מִשְׁמֶרֶת מִקְדָּשִׁי בִּתְעוֹת בְּנֵי־יִשְׂרָאֵל מֵעָלַי הֵמָּה
יִקְרְבוּ אֵלַי לְשָׁרְתֵנִי וְעָמְדוּ לְפָנַי לְהַקְרִיב לִי חֵלֶב
וָדָם נְאֻם אֲדֹנָי יֱהוִֹה: הֵמָּה יָבֹאוּ אֶל־־מִקְדָּשִׁי
וְהֵמָּה יִקְרְבוּ אֶל־־שֻׁלְחָנִי לְשָׁרְתֵנִי וְשָׁמְרוּ אֶת־־
מִשְׁמַרְתִּי: וְהָיָה בְּבוֹאָם אֶל־שַׁעֲרֵי הֶחָצֵר הַפְּנִימִית
בִּגְדֵי פִשְׁתִּים יִלְבָּשׁוּ וְלֹא־יַעֲלֶה עֲלֵיהֶם צֶמֶר
בְּשָׁרְתָם בְּשַׁעֲרֵי הֶחָצֵר הַפְּנִימִית וָבָיְתָה:

Die Söhne Zadok's, des Priesters, die zur Zeit, als Israel Götzen diente, meinen Namen huldigten, die sollen auch jetzt nach Neuerrichtung des Tempels Mir dienen und opfern, sie allein sollen mein Heiligthum betreten, und meine Anordnungen beobachten. Hintretend in das innere Thor des Gotteshauses, sollen sie Linnenkleider anlegen, keine aus Wolle, so lange sie meine Dienste verrichten. Wie sie aber nach Vollendung ihres Dienstes, in den äußern Hof kommen, so haben sie ihre Dienstkleider abzulegen und mit anderen sich zu bekleiden. Ihr Haupthaar sollen sie nicht glatt scheeren, aber auch nicht lang werden lassen, sondern mäßig gewachsen sei es. Wein darf der Priester nicht trinken, so er in's Gotteshaus tritt. Wittwen und Geschiedene darf er nicht ehelichen. Er sei der Lehrer des Volkes, daß es unterscheiden könne zwischen heilig und unheilig, zwischen rein und unrein. Der Priester soll im Streite Urtheil fällen, darum haben sie auch alle meine Satzungen, Rechte und Lehren streng zu beobachten. Eine Leiche rühre der Priester nicht an, nur die der allernächsten Verwandten. Nach einer solchen Berührung bleibe er sieben

Tage lang unrein, dann betrete er wieder erst das Gottes=
haus und bringe sein Opfer dar. Erbbesitz soll der Priester
nicht haben, denn ihm gehören die Opfer und alles Geweihte
in Israel, so seien auch die ersten Früchte, die Hebe dem Prie=
ster, damit er Segen für euch von Gott erflehe.) Doch darf
der Priester nichts Zerrissenes, Gefallenes vom Thiere ge=
nießen.

הַמִּנְחָה וְהַחַטָּאת וְהָאָשָׁם הֵמָּה יֹאכְלוּם וְכָל-
חֵרֶם בְּיִשְׂרָאֵל לָהֶם יִהְיֶה: וְרֵאשִׁית כָּל-בִּכּוּרֵי כֹל
וְכָל-תְּרוּמַת כֹּל מִכֹּל תְּרוּמֹתֵיכֶם לַכֹּהֲנִים יִהְיֶה
וְרֵאשִׁית עֲרִסוֹתֵיכֶם תִּתְּנוּ לַכֹּהֵן לְהָנִיחַ בְּרָכָה
אֶל-בֵּיתֶךָ: כָּל-נְבֵלָה וּטְרֵפָה מִן-הָעוֹף וּמִן-הַבְּהֵמָה
לֹא יֹאכְלוּ הַכֹּהֲנִים:

בְּהַר.

(Jeremia 32 6—27)

וַיֹּאמֶר יִרְמְיָהוּ הָיָה דְבַר־־יְהֹוָה אֵלַי לֵאמֹר:
הִנֵּה חֲנַמְאֵל בֶּן־שַׁלֻּם דֹּדְךָ בָּא אֵלֶיךָ לֵאמֹר קְנֵה
לְךָ אֶת־שָׂדִי אֲשֶׁר בַּעֲנָתוֹת כִּי לְךָ מִשְׁפַּט הַגְּאֻלָּה
לִקְנוֹת: וַיָּבֹא אֵלַי חֲנַמְאֵל בֶּן־־דֹּדִי כִּדְבַר יְהֹוָה
אֶל־חֲצַר הַמַּטָּרָה וַיֹּאמֶר אֵלַי קְנֵה נָא אֶת־שָׂדִי
אֲשֶׁר בַּעֲנָתוֹת אֲשֶׁר ׀ בְּאֶרֶץ בִּנְיָמִין כִּי לְךָ מִשְׁפַּט
הַיְרֻשָּׁה וּלְךָ הַגְּאֻלָּה קְנֵה־לָךְ וָאֵדַע כִּי דְבַר־־יְהֹוָה
הוּא:

Zum Propheten Jeremia kam einer seiner Verwandten und sprach: „Kaufe mir ein Stück Feld ab“, und Jeremia that es trotz der Kriegeszeiten, die damals herrschten. Er ließ die Kaufurkunde machen, sie unterschreiben, siegeln und bezahlte am Gerichtshofe vor dem versammelten Volke. Dann sprach er zu seinem Schreiber Baruch vor den Anwesenden: „Nimm diesen Kaufschein, lege ihn in ein irdenes Gefäß, damit er sich lange Jahre halte.“ Denn so spricht der Herr: Trotz der bösen Zeiten kann man noch immer Häuser, Felder und Wein= berge im Lande kaufen. Der Prophet aber flehte zu Gott: „Herr der Welt! der Du Himmel und Erde in deiner All= macht geschaffen, dem nichts unmöglich, der Du lange Gnade übest, aber auch die Schuld der Väter an den Kindern vergiltst, Erhabener, Allmächtiger, Allweiser und Einsichtsvoller! dem alle Wege der Menschen offenbar, der jedem nach Verdienst Lohn oder Strafe gibt, der Wunder und Zeichen stets voll= führte an allen Menschen, der Du Israel unter furchtbaren Zeichen aus Ägypten geführt hast, sie einziehen ließest in dies Land, das von Milch und Honig überfließt, nun aber haben

Dr. Ziegler: Haphtaroth. 6

sie beine Lehren vergessen, befolgten nicht beine Gesetze, bis baß enblich bieser unglückselige Krieg sie ereilte; schon legt man Bollwerke an, um bie Stabt einzunehmen, Schwert, Hunger und Pest werben sie aufreiben unb bem Feinbe preisgeben — unb trotz allebem soll ich neues Felb ankaufen, oh Herr?! „Da antwortete ber Herr: Soll Mir, bem Herrn alles Fleisches, auch nur etwas unmöglich sein?

וְאַתָּה אָמַרְתָּ אֵלַי אֲדֹנָי יְהוִה קְנֵה־לְךָ הַשָּׂדֶה
בַּכֶּסֶף וְהָעֵד עֵדִים וְהָעִיר נִתְּנָה בְּיַד הַכַּשְׂדִּים:
וַיְהִי דְבַר־יְהוָה אֶל־יִרְמְיָהוּ לֵאמֹר: הִנֵּה אֲנִי יְהוָה
אֱלֹהֵי כָּל־בָּשָׂר הֲמִמֶּנִּי יִפָּלֵא כָּל־דָּבָר:

בְּחֻקֹּתַי.

(Jeremia 16, 19—21; 17 1—14)

יְהֹוָה עֻזִּי וּמָעֻזִּי וּמְנוּסִי בְּיוֹם צָרָה אֵלֶיךָ גּוֹיִם
יָבֹאוּ מֵאַפְסֵי־אָרֶץ וְיֹאמְרוּ אַךְ־שֶׁקֶר נָחֲלוּ אֲבוֹתֵינוּ
הֶבֶל וְאֵין־בָּם מוֹעִיל: הֲיַעֲשֶׂה־לּוֹ אָדָם אֱלֹהִים
וְהֵמָּה לֹא אֱלֹהִים: לָכֵן הִנְנִי מוֹדִיעָם בַּפַּעַם הַזֹּאת
אוֹדִיעֵם אֶת־יָדִי וְאֶת־גְּבוּרָתִי וְיָדְעוּ כִּי־שְׁמִי יְהֹוָה:

Zu Dir, oh Herr! der Du meine Zuflucht bist in Zei-
ten der Drangsal, zu Dir eilen die Völker von allen Enden
der Erde und werden fragen: Wie konnten nur unsere Väter
einander Lüge verüben, nutzlosen Tand?! Wie kann sich der
Mensch einen Gott selbst verfertigen, der doch kein Gott ist?!
Weil aber Israel solches thut, will Ich der Herr sie auch mit
meiner strafenden Macht bekannt machen, denn mit eisernem
Griffel ist Juda's Sünde aufgezeichnet, mit der Spitze des
Diamantes eingegraben in die Tafeln euerer Herzen, an die
Ecken euerer Altäre. Wahrlich! so lieb, wie die Erinnerung
an ihre Kinder, sind ihnen ihre Altäre, ihre Haine unter grü-
nen Bäumen, auf hohen Hügeln. Du Götzendiener auf Bergen! Deine Schätze, dein Vermögen mache Ich zur Beute, so
auch deine Anhöhen, weil du an allen deinen Grenzen gesündigt hast. Aus eigenem Verschulden wirst du aus deinem Erbe
geworfen, deinen Feinden sollst du als Sklave dienen in fernen, unbekannten Landen, denn mein Zorn ist unbezähmbar,
ewig dauernd. Fluch kömmt über Alle, die auf Menschen vertrauten, die im Fleische ihre Macht erblickten, von Gott ab-
wichen! Sie werden sein gleich einer vereinsamten Pflanze in
der Wüste, werden das Gute nie gewahr, wohnen auf dürrem,
salzigen, unbewohnten Boden. Doch Heil dem Menschen, der
auf Gott vertraut, dessen Zuversicht der Herr! Er ist wie der

Baum, am Waſſer gepflanzt, der ſeine Wurzeln weit ausſen=
det, der die Gluth nicht fühlt, deſſen Laub immer grünt, dem
die Dürre nicht ſchadet, der immer Früchte trägt! Und dann, iſt
das Herz verſtockt und ſiech, wer vermag das zu erkennen? Kein
anderer, als Ich, der Herr, der jedem nach Verdienſt Lohn,
oder Strafe gibt. Dem Vogel gleich, der brütet, ohne gelegt
zu haben, iſt der mit Unrecht Reichthum erwirbt: er verläßt
ihn in ſeinen beſten Jahren, daß er zuletzt frühzeitig hinfällt.
Ein Thron der Herrlichkeit, hoch erhaben iſt der Ort unſeres
Heiligthumes. Darum baue Iſrael auf den Herrn, dann wer=
den zu Schanden, die dich verlaſſen und ausgerottet werden
die Abtrünnigen, weil ſie den ewigen Quell des Lebens, den
Herrn verlaſſen haben. Mich aber heile o Herr! ſei mein
Helfer, daß Du mein Ruhm ſeieſt!

כִּסֵּא כָבוֹד מָרוֹם מֵרִאשׁוֹן מְקוֹם מִקְדָּשֵׁנוּ׃
מִקְוֵה יִשְׂרָאֵל יְהוָה כָּל־עֹזְבֶיךָ יֵבֹשׁוּ יְסוּרַי בָּאָרֶץ
יִכָּתֵבוּ כִּי עָזְבוּ מְקוֹר־מַיִם חַיִּים אֶת־יְהוָה׃ רְפָאֵנִי
יְהוָה וְאֵרָפֵא הוֹשִׁיעֵנִי וְאִוָּשֵׁעָה כִּי תְהִלָּתִי אָתָּה׃

Die Haphtaroth
für das vierte Buch Mosis.

בְּמִדְבָּר.

(Hosea 2. 1—22)

וְהָיָה מִסְפַּר בְּנֵי־יִשְׂרָאֵל כְּחוֹל הַיָּם אֲשֶׁר לֹא־
יִמַּד וְלֹא יִסָּפֵר וְהָיָה בִּמְקוֹם אֲשֶׁר־יֵאָמֵר לָהֶם
לֹא־עַמִּי אַתֶּם יֵאָמֵר לָהֶם בְּנֵי אֵל־חָי: וְנִקְבְּצוּ
בְּנֵי־יְהוּדָה וּבְנֵי־יִשְׂרָאֵל יַחְדָּו וְשָׂמוּ לָהֶם רֹאשׁ
אֶחָד וְעָלוּ מִן־הָאָרֶץ כִּי גָדוֹל יוֹם יִזְרְעֶאל: אִמְרוּ
לַאֲחֵיכֶם עַמִּי וְלַאֲחוֹתֵיכֶם רֻחָמָה:

Einst wird die Zahl der Kinder Israel wie der Sand
des Meeres sein, der nicht gemessen und nicht gezählt werden
kann und nennen wird man sie: Kinder des lebendigen Gottes,
nicht aber wie heute: von Gott Verstoßene. Vereint werden sich
die aus Juda und Israel versammeln, wählen sich ein gemein=
sames Oberhaupt, daß er sie führe aus ihrer Gefangenschaft,
dann werden euere Brüder „mein Volk", euere Schwestern
„Begnadete" heißen. Jetzt aber, jetzt könnt ihr noch habern
mit euerer Mutter, daß sie schon lassen möge von ihren bösen
Handlungen, denn sonst mache Ich sie zur Einöde, zum dürren
Boden, tödte sie durch Durst und erbarme Mich nicht ihrer
Kinder. Wenn die Mutter noch weiter so unsittlich handelt
und spricht: „Ich will den Göttern nachgehen, die mir Speise,
Trank, Wolle, Linnen, Oel und alle Getränke geben", dann
verlege Ich ihre Wege mit Dornen, lasse Wälle ziehen, daß sie
die Pfade nicht finden. (Dann mag sie den Götzen nachlaufen,
sie holt sie nicht ein, sie suchen ohne zu finden, bis sie endlich
beschämt ausruft: ich will doch zu meinem alten Gatten, zu
meinem ersten Gotte zurückkehren." Und will sie's nicht ein=
sehen, daß Ich ihr Korn, Most und Oel spende, daß Ich sie
mit Gold und Silber segne — woraus sie dann ihre Götzen
verfertigt — dann will Ich ihr all' dies zu seiner Zeit nehmen,

mache ihrer Freude, ihren Festen nnd Feiern ein Ende, ver=
nichte ihren Weinstock, ihren Oelbaum, für die sie ihren Götzen
danken will, und mache sie zum Walde, und Wüstenthiere zer=
reißen sie; dann gedenke Ich der Tage, da sie ihr Geschmeide
ablegte und, Meiner vergessend, es vor Götzen warf. / Doch
habe Ich sie erst in die Wüste gelockt, will Ich ihr auch zu
Herzen reden, jene Wüste sei ihr dann zum Weinberg, jenes
Jammerthal zum Eingang der Hoffnung, denn dort wird sie
Mir wieder Loblieder singen, wie in ihrer Jugend, als Ich sie
aus Egypten führte, und wieder soll sie Mich „mein Gatte,
mein Herr" nennen, und die Namen der Götzen kommen
nimmer über ihre Lippen. Zu jener Zeit schließe Ich meinen
Friedensbund mit den reißenden Raubthieren, zerbreche Bogen,
Schwert und alle Kriegsgeräthe und lasse sie sicher ruhen.
Dann gelobe Ich dich Mir an, o Israel! für alle Zeit, gelobe
dich Mir an durch Recht, Erbarmen, Huld und Gnade, durch
Treue, weil du erkannt hast den Herrn.

וְכָרַתִּי לָהֶם בְּרִית בַּיּוֹם הַהוּא עִם־חַיַּת הַשָּׂדֶה
וְעִם־עוֹף הַשָּׁמַיִם וְרֶמֶשׂ הָאֲדָמָה וְקֶשֶׁת וְחֶרֶב
וּמִלְחָמָה אֶשְׁבּוֹר מִן־הָאָרֶץ וְהִשְׁכַּבְתִּים לָבֶטַח:
וְאֵרַשְׂתִּיךְ לִי לְעוֹלָם וְאֵרַשְׂתִּיךְ לִי בְּצֶדֶק וּבְמִשְׁפָּט
וּבְחֶסֶד וּבְרַחֲמִים: וְאֵרַשְׂתִּיךְ לִי בֶּאֱמוּנָה וְיָדַעַתְּ
אֶת־יְהוָה:

נָשֹׂא.

(Richter 13; 2—25)

וַיְהִי אִישׁ אֶחָד מִצָּרְעָה מִמִּשְׁפַּחַת הַדָּנִי וּשְׁמוֹ
מָנוֹחַ וְאִשְׁתּוֹ עֲקָרָה וְלֹא יָלָדָה: וַיֵּרָא מַלְאַךְ־יְהוָֹה
אֶל־הָאִשָּׁה וַיֹּאמֶר אֵלֶיהָ הִנֵּה־נָא אַתְּ־עֲקָרָה וְלֹא
יָלַדְתְּ וְהָרִית וְיָלַדְתְּ בֵּן: וְעַתָּה הִשָּׁמְרִי נָא וְאַל־
תִּשְׁתִּי יַיִן וְשֵׁכָר וְאַל־תֹּאכְלִי כָּל־טָמֵא:

Einst lebte im Gebiete des Stammes Dan ein Mann,
Namens Manoach. Dessen Frau sah eine Erscheinung in Ge=
stalt eines Engels, der zu ihr sprach: „Siehe, Gott begnadet
dich mit einem Sohne, der soll Geweihter Gottes werden, er
soll ein Helfer Jsraels werden im Kampfe gegen die Feinde;
darum halte dich fern von jedem Unreinen." Sie erzählte dies
ihrem Manne und als er ihr keinen Glauben schenkte, erschien
auch ihm dieselbe Gestalt und wiederholte den göttlichen Auf=
trag. Manoach dachte, es wäre ein gewöhnlicher Mensch und
wollte ihm ein Mahl vorlegen. Doch der Engel lehnte es ab
und hieß ihm, Gott ein Opfer bringen. Als der Rauch des
Opfers aufstieg, da verschwand im Rauche die göttliche Gestalt
und Manoach mit seinem Weibe fielen zitternd zu Boden.
Manoach aber fürchtete, daß der Herr ihnen das Leben nehmen
werde, da sie nun seinen Engel gesehen, doch sein Weib tröstete
ihn: „Wollte uns der Herr tödten, wozu brachte uns sein
Diener solche Botschaft?" — Den Sohn aber nannten sie
Schimschon; als der heranwuchs, segnete ihn Gott.

וַתֹּאמֶר לוֹ אִשְׁתּוֹ לוּ חָפֵץ יְהוָֹה לַהֲמִיתֵנוּ לֹא־
לָקַח מִיָּדֵנוּ עֹלָה וּמִנְחָה וְלֹא הֶרְאָנוּ אֶת־כָּל־אֵלֶּה
וְכָעֵת לֹא הִשְׁמִיעָנוּ כָּזֹאת: וַתֵּלֶד הָאִשָּׁה בֵּן

וַתִּקְרָא אֶת־שְׁמוֹ שִׁמְשׁוֹן וַיִּגְדַּל הַנַּעַר וַיְבָרְכֵהוּ
יְהֹוָה: וַתָּחֶל רוּחַ יְהֹוָה לְפַעֲמוֹ בְּמַחֲנֵה־דָן בֵּין צָרְעָה
וּבֵין אֶשְׁתָּאֹל :

בְּהַעֲלֹתְךָ.

(Sacharja 2. 14—17; 3, 1—10; 4, 1—7)

רָנִּי וְשִׂמְחִי בַּת־צִיּוֹן כִּי הִנְנִי־בָא וְשָׁכַנְתִּי
בְתוֹכֵךְ נְאֻם־יְהֹוָה: וְנִלְווּ גוֹיִם רַבִּים אֶל־יְהֹוָה
בַּיּוֹם הַהוּא וְהָיוּ לִי לְעָם וְשָׁכַנְתִּי בְתוֹכֵךְ וְיָדַעַתְּ
כִּי־יְהֹוָה צְבָאוֹת שְׁלָחַנִי אֵלָיִךְ : וְנָחַל יְהֹוָה אֶת־
יְהוּדָה חֶלְקוֹ עַל אַדְמַת הַקֹּדֶשׁ וּבָחַר עוֹד בִּירוּשָׁלָם:

Juble und freue dich, du Zions Tochter! denn siehe, Ich komme und throne in deiner Mitte. Und gar viele Völker werden sich an diesem Tage Gott anschließen, werden mein Volk sein, — trotz alledem werde Ich nur in deiner Mitte thronen und Juda wird wieder Gottes Besitz und Jerusalem seine Stadt im heiligen Lande sein. Stille wird sein alles Fleisch vor dem Herrn, so Er in seiner himmlischen Wohnung zum Rechtspruche ersteht. Eine Erscheinung überkam mich, den Propheten und ich sah den Hohenpriester, vor dem Engel Gottes stehend, und an der Seite des Engels stand der Anklage= engel. Da sprach der Herr zum Ankläger: „Ich der Herr, der Jerusalem erwählt, Ich gebiete dir, Ankläger, inne zu halten! Ist nicht Jerusalem der einzige, vom Feuer gerettete Rest?!" Der Hohepriester stand aber noch immer in unreiner Gewandung vor dem Engel. Da sprach der Engel: Entklei= det ihn der Trauerkleider, denn ich erlöse dich auch so von den Ketten deiner Sünden und lasse dir reine Kleider, den reinen Kopfbund anlegen. Es geschah und der Engel des Herrn stand noch immer vor ihm. Da redete er den Hohenpriester plötzlich an und sprach: Im Namen des Herrn! Wenn du meine Wege wandelst, meinen Bund beobachtest, in meinem Hause nach Recht und Pflicht waltest, dann seist du unter die eingereiht, die an meiner Seite stehen. Höre nochmals, du

Hoherpriester, du und deine Freunde, die Zeugen mögen sein, noch dies eine Mal laffe Ich meinen Knecht emporblühen. Siehe! Der Markstein, der vor dir gelegt ist, der hat sieben Einschnitte und in jeden einzelnen sind eingezeichnet die Worte des Herrn: „An diesem Tage lösche Ich aus die Sünde des Landes. Von nun an ladet einer den andern zum Rasten unter dem eigenen Weinstocke, eigenen Oelbaume!" — Nach dieser Erscheinung kam es mir wieder, als ob mich derselbe Engel erwecken wollte, wie einen Menschen aus tiefem Schlafe. Und er sprach zu mir: „Was siehst du vor dir?" Ich antwortete: „Einen goldenen Armleuchter, mit einer Schale an der Spitze, mit sieben Lampen und sieben Röhren zu diesen Lampen; daran zwei Oelbäume, je einen an jeder Seite der Schale." Dann frug ich: „Was bedeutet all' dies?" Und ich rhielt zur Antwort: Verkünde es dem Serubabel, Israels Anführer: „Weder Herr, noch Kraft, sondern dies Wahrzeichen meines Tempels, der göttliche Geist allein macht es aus; mit diesem wird der größte Berg von Serubabel zur Ebene. mit diesem soll er den Grundstein des neuen Tempels legen, daß Heil und Gunst ihm werde".

וַיָּשָׁב הַמַּלְאָךְ הַדֹּבֵר בִּי וַיְעִירֵנִי כְּאִישׁ אֲשֶׁר־יֵעוֹר מִשְּׁנָתוֹ׃ וַיֹּאמֶר אֵלַי מָה אַתָּה רֹאֶה וָאֹמַר רָאִיתִי וְהִנֵּה מְנוֹרַת זָהָב כֻּלָּהּ וְגֻלָּהּ עַל־רֹאשָׁהּ וְשִׁבְעָה נֵרֹתֶיהָ עָלֶיהָ שִׁבְעָה וְשִׁבְעָה מוּצָקוֹת לַנֵּרוֹת אֲשֶׁר עַל־רֹאשָׁהּ׃ וּשְׁנַיִם זֵיתִים עָלֶיהָ אֶחָד מִימִין הַגֻּלָּה וְאֶחָד עַל־שְׂמֹאלָהּ׃

שְׁלַח־לְךָ׃

(Josua 2. 1—24)

וַיִּשְׁלַח יְהוֹשֻׁעַ בִּן־נוּן מִן־הַשִּׁטִּים שְׁנַיִם אֲנָשִׁים
מְרַגְּלִים חֶרֶשׁ לֵאמֹר לְכוּ רְאוּ אֶת־הָאָרֶץ וְאֶת־יְרִיחוֹ
וַיֵּלְכוּ וַיָּבֹאוּ בֵּית־אִשָּׁה זוֹנָה וּשְׁמָהּ רָחָב וַיִּשְׁכְּבוּ־
שָׁמָּה׃ וַיֵּאָמַר לְמֶלֶךְ יְרִיחוֹ לֵאמֹר הִנֵּה אֲנָשִׁים
בָּאוּ הֵנָּה הַלַּיְלָה מִבְּנֵי יִשְׂרָאֵל לַחְפֹּר אֶת־הָאָרֶץ׃
וַיִּשְׁלַח מֶלֶךְ יְרִיחוֹ אֶל־רָחָב לֵאמֹר הוֹצִיאִי
הָאֲנָשִׁים הַבָּאִים אֵלַיִךְ אֲשֶׁר־בָּאוּ לְבֵיתֵךְ כִּי לַחְפֹּר
אֶת־כָּל־הָאָרֶץ בָּאוּ׃

Josua sandte zwei Männer, daß sie die Stadt Jericho
auskundschaften. Diese Männer nahmen Wohnung bei einer
Wirthin, deren Haus hart an die Stadtmauer sich lehnte.
Doch dem König Jerichos wurde die Anwesenheit der beiden
Männer hinterbracht und er sandte Leute, sie gefangen zu
nehmen. Die Frau aber versteckte die Späher auf ihrem Dache
und sprach dann zu den Leuten des Königs: „Wohl waren
zwei Männer hier, doch sind sie auch schon fort, wenn ihr
eilet, könnt ihr sie noch erreichen." Die Häscher eilten fort.
Als es dann finster ward, ging sie hinauf zu den Männern,
die verborgen blieben und sprach: „Ich weiß, daß ihr siegreich
in die Stadt einziehen werdet, alles zittert und zagt vor euerem
Nahen, denn wir hörten von euerem Auszuge aus Egypten,
von den Siegen über so mächtige Feinde. Nun aber schwöret
mir, daß ihr meine Familie und ihre Angehörigen schonen
werdet, sie am Leben lasset." Die Männer antworteten:
„Gerne thun wir dies, doch unter einer Bedingung: Alle
müssen hier in deinem Hause versammelt sein; sollte auf der
Straße einer getödtet werden, dann sind wir nicht verant-

wörtlich, um aber auch dein Haus zu erkennen, laß die rothe Schnur, an der du uns jetzt herabläßt, an jenem Tage heraushängen." Sie antwortete: „So sei es" und ließ sie herab. Die Männer schlugen die den Verfolgern entgegengesetzte Richtung ein, blieben einige Tage im Walde verborgen, dann kehrten sie in das israelitische Lager zurück und erzählten dem Josua Alles, was sich zugetragen und daß der Herr das zitternde Land sicher ganz in ihre Hände legen werde.

וַיֵּלְכוּ וַיָּבֹאוּ הָהָרָה וַיֵּשְׁבוּ שָׁם שְׁלֹשֶׁת יָמִים
עַד־שָׁבוּ הָרֹדְפִים וַיְבַקְשׁוּ הָרֹדְפִים בְּכָל־הַדֶּרֶךְ
וְלֹא מָצָאוּ: וַיָּשֻׁבוּ שְׁנֵי הָאֲנָשִׁים וַיֵּרְדוּ מֵהָהָר
וַיַּעַבְרוּ וַיָּבֹאוּ אֶל־יְהוֹשֻׁעַ בִּן־נוּן וַיְסַפְּרוּ־לוֹ אֵת
כָּל־הַמֹּצְאוֹת אוֹתָם: וַיֹּאמְרוּ אֶל־יְהוֹשֻׁעַ כִּי־נָתַן
יְהֹוָה בְּיָדֵנוּ אֶת־כָּל־הָאָרֶץ וְגַם־נָמֹגוּ כָּל־יֹשְׁבֵי
הָאָרֶץ מִפָּנֵינוּ:

קֹרַח.

(Samuel I 11. 14—15; 12, 1—22)

וַיֹּאמֶר שְׁמוּאֵל אֶל־הָעָם לְכוּ וְנֵלְכָה הַגִּלְגָּל
וּנְחַדֵּשׁ שָׁם הַמְּלוּכָה: וַיֵּלְכוּ כָל־הָעָם הַגִּלְגָּל וַיַּמְלִכוּ
שָׁם אֶת־שָׁאוּל לִפְנֵי יְהֹוָה בַּגִּלְגָּל וַיִּזְבְּחוּ־שָׁם זְבָחִים
שְׁלָמִים לִפְנֵי יְהֹוָה וַיִּשְׂמַח שָׁם שָׁאוּל וְכָל־אַנְשֵׁי
יִשְׂרָאֵל עַד מְאֹד: וַיֹּאמֶר שְׁמוּאֵל אֶל־כָּל־יִשְׂרָאֵל
הִנֵּה שָׁמַעְתִּי בְקֹלְכֶם לְכֹל אֲשֶׁר־אֲמַרְתֶּם לִי וָאַמְלִיךְ
עֲלֵיכֶם מֶלֶךְ:

Ju Gilgal wurde Saul nochmals vom ganzen Volke
und vom Propheten Samuel zum König gewählt. Nachdem
man Opfer geschlachtet hatte und die Lustbarkeit groß war, er=
hob sich Samuel vor den Versammelten und sprach: „Nun ich
euerem Wunsche Folge geleistet habe und jetzt ein König unter
euch wandelt, ich aber schon alt geworden, so beantwortet mir
meine Frage: Seit meiner Jugend wandle ich an euerer
Spitze, habe ich in dieser Zeit auch nur Einem von euch etwas
genommen, habe ich übervortheilt, war ich parteiisch?“ Und
alle antworteten: „Nein, du hast nie übervortheilt, warst nie
parteiisch! Gott sei der Zeuge!“ Darauf sprach Samuel:
„Jetzt will ich euch nur noch das letzte Mal all' das in's
Gedächtnis zurückrufen, was euch Gott gethan: Knechte waret
ihr in Egypten, da sandte Gott seine Diener Mosche und
Aron, befreite und brachte euch in dieses Land. Hier aber
vergaßet ihr Gott, so daß er Feinde über euch herrschen ließ.
Doch erbarmte er sich wieder eueres Landes und sandte euch
stets tapfere Männer, Helden, die euer Joch abschüttelten. Als
ihr aber sahet, daß Könige gegen euch zu Felde ziehen, da
wolltet ihr auch einen König haben. Nun! Hier steht ein ge=

wählter Herrscher! So ihr Gott auch weiter fürchten werdet,
Ihm dienet und gehorchet, sowohl ihr, als auch euer Herrscher,
dann wohl euch! so aber nicht, so ihr widerspenstig seid, dann
ruht des Herrn strafende Hand auf euch. Ein Zeichen, daß
ich wahrgesprochen, sei euch dies: Erntezeit, nicht die des Re=
gens ist jetzt, doch auf mein Flehen komme Sturm und Re=
gen über die Aecker, denn Unrecht war's von euch, einen König
zu verlangen." Es geschah, wie der Prophet gesprochen und
das Volk betete zagend um Vergebung seiner Sünden. Da
sprach tröstend Samuel: „Fürchtet nicht, nur weichet nicht ab
von den Wegen Gottes, neiget euch nicht den Götzen zu, die
retten und helfen euch nicht, dann verläßt euch der Herr nicht,
um seines Namens willen, da Er euch zu einem mächtigen
Volke machen will.

וַיֹּאמֶר שְׁמוּאֵל אֶל־הָעָם אַל־תִּירָאוּ אַתֶּם
עֲשִׂיתֶם אֵת כָּל־הָרָעָה הַזֹּאת אַךְ אַל־תָּסוּרוּ מֵאַחֲרֵי
יְהוָה וַעֲבַדְתֶּם אֶת־יְהוָה בְּכָל־לְבַבְכֶם׃ וְלֹא־תָסוּרוּ
כִּי ׀ אַחֲרֵי הַתֹּהוּ אֲשֶׁר לֹא־יוֹעִילוּ וְלֹא יַצִּילוּ כִּי־
תֹהוּ הֵמָּה׃ כִּי לֹא־יִטֹּשׁ יְהוָה אֶת־עַמּוֹ בַּעֲבוּר שְׁמוֹ
הַגָּדוֹל כִּי הוֹאִיל יְהוָה לַעֲשׂוֹת אֶתְכֶם לוֹ לְעָם׃

חֻקַּת

(Richter 11, 1—33.)

וְיִפְתָּח הַגִּלְעָדִי הָיָה גִּבּוֹר חַיִל וְהוּא בֶּן־אִשָּׁה:
זוֹנָה וַיּוֹלֶד גִּלְעָד אֶת־יִפְתָּח: וַתֵּלֶד אֵשֶׁת־גִּלְעָד לוֹ
בָּנִים וַיִּגְדְּלוּ בְנֵי־הָאִשָּׁה וַיְגָרְשׁוּ אֶת־יִפְתָּח וַיֹּאמְרוּ
לוֹ לֹא־תִנְחַל בְּבֵית־אָבִינוּ כִּי בֶּן־אִשָּׁה אַחֶרֶת
אָתָּה: וַיִּבְרַח יִפְתָּח מִפְּנֵי אֶחָיו וַיֵּשֶׁב בְּאֶרֶץ טוֹב
וַיִּתְלַקְּטוּ אֶל־יִפְתָּח אֲנָשִׁים רֵיקִים וַיֵּצְאוּ עִמּוֹ:

Jiftach, der Sohn Gileab's wurde von seinen Brüdern nach dem Tode des Vaters aus seiner Heimath vertrieben. Er war ein Held und sammelte um sich herumwandernde Söldner. Nach langer Zeit, da war Krieg ausgebrochen zwischen Ammon und Jsrael. Da sandten die Aeltesten Gileab's Boten zu Jiftach: „Komme, hilf uns, sei unser Fürst und Heerführer." Er aber ließ ihnen sagen: „Aus Haß habet ihr mich aus meiner Stadt vertrieben, jetzt, in der Noth, soll ich euch helfen?! Gut, wenn ihr mich nach dem Siege zum Oberhaupte der Stadt einsetzet." Die Männer von Gileab willigten ein und Jiftach zog in die Stadt. Dann schickte er vorerst an Ammon die Frage: was die Ursache des Krieges sei? Ammon's König erwiderte: „Unter Josua nahmet ihr von meinem Lande einen Theil, den ich jetzt zurückbegehre." Jiftach ließ darauf antworten: „Nein! Von deinem Königreiche nahm zu jener Zeit Israel nichts. Als Israel gen Palästina zog, da lagerte es, die Grenzen Edom's und Moab's umgehend, am Ufer des Arnon. Dann kämpfte es gegen Cheschbon und gegen den Amori, besiegte beide. Nun forderst du das, was wir den Emoriten abgenommen, — mit welchem Recht? Wir sind uns keines Fehltrittes gegen euch bewußt, der Herr sei

Richter zwischen uns!" Doch Ammon's König hörte nicht auf die Worte Jiftachs und zog gegen Israel. Da beseelte der Geist Gottes den Jiftach und er besiegte und bemüthigte die Ammoniten.

וְהָיָה הַיּוֹצֵא אֲשֶׁר יֵצֵא מִדַּלְתֵי בֵיתִי לִקְרָאתִי
בְּשׁוּבִי בְשָׁלוֹם מִבְּנֵי עַמּוֹן וְהָיָה לַיהֹוָה וְהַעֲלִיתִהוּ
עוֹלָה: וַיַּעֲבֹר יִפְתָּח אֶל־בְּנֵי עַמּוֹן לְהִלָּחֶם בָּם וַיִּתְּנֵם
יְהֹוָה בְּיָדוֹ: וַיַּכֵּם מֵעֲרוֹעֵר וְעַד־בּוֹאֲךָ מִנִּית עֶשְׂרִים
עִיר וְעַד אָבֵל כְּרָמִים מַכָּה גְּדוֹלָה מְאֹד וַיִּכָּנְעוּ
בְּנֵי עַמּוֹן מִפְּנֵי בְּנֵי יִשְׂרָאֵל:

בָּלָק ּ

(Micha 5, 6—14; 6, 1—8.)

וְהָיָה ׀ שְׁאֵרִית יַעֲקֹב בְּקֶרֶב עַמִּים רַבִּים כְּטַל
מֵאֵת יְהֹוָה כִּרְבִיבִים עֲלֵי־עֵשֶׂב אֲשֶׁר לֹא־יְקַוֶּה
לְאִישׁ וְלֹא יְיַחֵל לִבְנֵי אָדָם: וְהָיָה שְׁאֵרִית יַעֲקֹב
בַּגּוֹיִם בְּקֶרֶב עַמִּים רַבִּים כְּאַרְיֵה בְּבַהֲמוֹת יַעַר
כִּכְפִיר בְּעֶדְרֵי־צֹאן אֲשֶׁר עָם־עָבַר וְרָמַס וְטָרַף
וְאֵין מַצִּיל: תָּרֹם יָדְךָ עַל־צָרֶיךָ וְכָל־אֹיְבֶיךָ יִכָּרֵתוּ:

Einst wird Jakob's Ueberrest im Kreise vieler Nationen,
wie göttlicher Thau sein, wie sanfter Regen auf's Gras, der
der Menschen nicht bedarf nicht braucht die Erdenkinder. Ja!
Einst wird Israel in der Mitte der Nationen wie ein reißen=
der Löwe sein, der einherziehend, rettungslos vernichtet. Er=
heben wirst du deine Hand gegen deine Bedränger, — deine Wider=
sacher werden ausgerottet. In jener Zeit werden keine Streit=
rosse und Kampfwagen, keine Festungen der ummauerten Städte,
aber auch keine Zauberer und Wolkendeuter, keine Götzen und
Standbilder sein, vor denen du dich bücken würdest; alle Götter=
haine, alle Götzenstädte werden in Trümmer geschlagen, — so
straft mein Zorn und Grimm die Völker, die auf Mich nicht
horchen. – Jetzt aber — höret ihr Berge meine Stimme! höret
ihr Felsen Gottes Streit mit Israel!— was habe Ich dir, mein
Volk! Böses gethan, womit dich belästigt? Sprich! antworte!
Ich führte dich aus Egypten, erlöste dich aus der Knechtschaft,
sandte vor dir her Mosche, Aron, Mirjam! Gedenke doch, was
Balak und Bileam gegen dich im Schilde führten!

Du aber rufst aus: „Womit soll ich denn Gott entgegen=
kommen? Womit mich vor Ihm beugen? Ich bringe Ihm ja
Opfer in großer Zahl, er aber will sie nicht wohlgefällig an=
nehmen, soll ich etwa meine Kinder hinopfern, um Verzeihung

7*

zu erlangen?!" — Siehe! der Herr verkündet dir, was Er von
dir wünscht: thue Recht, übe Gnade und sei bescheiden vor Gott.

בַּמָּה אֲקַדֵּם יְהֹוָה אִכַּף לֵאלֹהֵי מָרוֹם הַאֲקַדְּמֶנּוּ
בְעוֹלוֹת בַּעֲגָלִים בְּנֵי שָׁנָה: הֲיִרְצֶה יְהֹוָה בְּאַלְפֵי
אֵילִים בְּרִבְבוֹת נַחֲלֵי־שָׁמֶן הַאֶתֵּן בְּכוֹרִי פִּשְׁעִי פְּרִי
בִטְנִי חַטַּאת נַפְשִׁי: הִגִּיד לְךָ אָדָם מַה־טּוֹב וּמַה־
יְהֹוָה דּוֹרֵשׁ מִמְּךָ כִּי אִם־עֲשׂוֹת מִשְׁפָּט וְאַהֲבַת
חֶסֶד וְהַצְנֵעַ לֶכֶת עִם אֱלֹהֶיךָ:

פִּנְחָס.

(Könige 1. 18, 46; 19, 1—21.)

וְיַד יְהֹוָה הָיְתָה אֶל־אֵלִיָּהוּ וַיְשַׁנֵּס מָתְנָיו וַיָּרָץ
לִפְנֵי אַחְאָב עַד־־בֹּאֲכָה יִזְרְעֶאלָה׃ וַיַּגֵּד אַחְאָב
לְאִיזֶבֶל אֵת כָּל־אֲשֶׁר עָשָׂה אֵלִיָּהוּ וְאֵת כָּל־אֲשֶׁר
הָרַג אֶת־כָּל־הַנְּבִיאִים בֶּחָרֶב׃ וַתִּשְׁלַח אִיזֶבֶל
מַלְאָךְ אֶל־אֵלִיָּהוּ לֵאמֹר כֹּה־יַעֲשׂוּן אֱלֹהִים וְכֹה
יוֹסִפוּן כִּי־כָעֵת מָחָר אָשִׂים אֶת־נַפְשְׁךָ כְּנֶפֶשׁ אַחַד
מֵהֶם׃

Als König Achab seiner Gattin die Nachricht brachte, daß
der Prophet Elia alle Propheten der Götzen tödten ließ, da ent=
bot sie dem Elia: „Bei meinen Göttern! du bist des Todes!"
Da machte sich Elia auf und flüchtete gegen Süden, der Wü=
ste zu. Angelangt setzte er sich unter einen Ginsterstrauch und
betete: „O Herr! nimm mein Leben! bin ich denn besser, als
meine Väter?" Nachdem er da längere Zeit gerastet hatte,
Speise und Trank zu sich nahm, wanderte er weiter, bis er
nach vierzig Tagen an den göttlichen Berg Horeb kam. Dort
überfiel ihn wieder Lebensüberdruß und er sprach): „Geeifert
habe ich für den Herrn, weil das Volk deine Lehre verlassen
und deine Propheten umbrachte; ich allein bin übrig geblieben
und auch nach meinem Leben trachten sie!" Da erhob sich plötz=
lich ein tobender Sturm, der Felsen erschütterte, darauf ein Erd=
beben, dann ein mächtiges Feuer und nach all' dem hörte er
ein sanftes, mildes Wehen und eine Stimme erscholl aus seiner
Mitte: Was willst du Elia? fürchte nicht, gehe wieder zurück
den Weg, den du gegangen und salbe den Hasaél zum König
über Aram, den Jehu zum König über Israel und den Elischa
zu deinem Nachfolger. Und diese drei sollen für dich und Mich

als Rächer auftreten, wer der Gewalt des einen entrinnt, ſtürzt
in die des andern. — Elia folgte dem Auftrage des Herrn
und ſuchte vorerſt den Eliſcha auf; er fand ihn auf dem Fel-
be pflügend und warf ihm ſeinen Mantel zu. Als Eliſcha dies
Prophetenzeichen ſah, bat er, von den Seinen Abſchied nehmen
zu dürfen. Elia aber erwiderte: „So kannſt du auch ganz
bleiben, ich thue dir ja nichts!“ Darauf opferte Eliſcha und
gieng mit ſeinem Lehrer Elia.

וַיֵּלֶךְ מִשָּׁם וַיִּמְצָא אֶת־אֱלִישָׁע בֶּן־שָׁפָט וְהוּא
חֹרֵשׁ שְׁנֵים־עָשָׂר צְמָדִים לְפָנָיו וְהוּא בִּשְׁנֵים הֶעָשָׂר
וַיַּעֲבֹר אֵלִיָּהוּ אֵלָיו וַיַּשְׁלֵךְ אַדַּרְתּוֹ אֵלָיו׃ וַיַּעֲזֹב
אֶת־הַבָּקָר וַיָּרָץ אַחֲרֵי אֵלִיָּהוּ וַיֹּאמֶר אֶשְּׁקָה־נָּא
לְאָבִי וּלְאִמִּי וְאֵלְכָה אַחֲרֶיךָ וַיֹּאמֶר לוֹ לֵךְ שׁוּב כִּי
מֶה־עָשִׂיתִי לָךְ׃ וַיָּשָׁב מֵאַחֲרָיו וַיִּקַּח אֶת־צֶמֶד הַבָּקָר
וַיִּזְבָּחֵהוּ וּבִכְלִי הַבָּקָר בִּשְּׁלָם הַבָּשָׂר וַיִּתֵּן לָעָם
וַיֹּאכֵלוּ וַיָּקָם וַיֵּלֶךְ אַחֲרֵי אֵלִיָּהוּ וַיְשָׁרְתֵהוּ׃

(Jeremia 1, 1—19; 2, 1—3)

דִּבְרֵי יִרְמְיָהוּ בֶּן־חִלְקִיָּהוּ מִן־הַכֹּהֲנִים אֲשֶׁר
בַּעֲנָתוֹת בְּאֶרֶץ בִּנְיָמִן: אֲשֶׁר הָיָה דְבַר־יְהֹוָה אֵלָיו
בִּימֵי יֹאשִׁיָּהוּ בֶן־אָמוֹן מֶלֶךְ יְהוּדָה בִּשְׁלֹשׁ־עֶשְׂרֵה
שָׁנָה לְמָלְכוֹ: וַיְהִי בִּימֵי יְהוֹיָקִים בֶּן־יֹאשִׁיָּהוּ מֶלֶךְ
יְהוּדָה עַד־תֹּם עַשְׁתֵּי־עֶשְׂרֵה שָׁנָה לְצִדְקִיָּהוּ בֶן־
יֹאשִׁיָּהוּ מֶלֶךְ יְהוּדָה עַד־גְּלוֹת יְרוּשָׁלַיִם בַּחֹדֶשׁ
הַחֲמִישִׁי:

An Jeremia ergieng das Wort Gottes also: Ehe du noch
geboren, erkannte und heiligte Ich dich, bestimmte dich zum Pro=
pheten der Nationen. Als aber Jeremia erwiderte: „Herr, ich
bin noch ein Knabe, wie darf ich schon sprechen!" Da antwortete
der Herr: Sage nicht du seiest ein Knabe, sondern gehe, wohin Ich
dich schicke und verkünde, was Ich dir gebiete, denn meine Worte
seien von nun an auf deinen Lippen, Ich habe dich Mir
auserkoren, kund zu thun, welches Volk ausgerottet und zerstört,
welche Nation aufgebaut und neu gepflanzt wird" —Darauf
sprach der Engel zu mir: Was siehst du vor dir? „Einen Stab
vom Mandelbaum." Wie dieser der Reife nahe ist, so wird auch
mein Wort bald in Erfüllung gehen. Und was erblickst du jetzt?
„Ein dampfendes Gefäß, dessen Vorderseite gegen Norden ge=
richtet ist." Vom Norden her kömmt das Unheil über die Be=
wohner dieses Landes. Ich rufe alle Nationen des Nordens,
daß Sie kommen und Jerusalem und Juda's Städte belagern,
damit Ich sie richte wegen Ihrer Bosheit, daß sie Mich verlassen
und fremden, selbstverfertigten Götzen huldigen. Du aber um=
gürte deine Lende, verkünde, was Ich dir befehle, fürchte sie
nicht, denn Ich mache dich heute gleich einer festen Stadt, einer
eisernen Säule, gewaffnet gegen das ganze Land, seine Könige

Fürsten und Priester. Geh und sprich: Ich der Herr will dennoch gedenken deiner jugendlichen Huld, deiner bräutlichen Liebe, da Israel in der Wüste meinem Rufe folgte, in unbesäetem Lande; Israel sollte Gottes Heiligthum, seine edelste Frucht sein, daß bestraft werden, die sie pflücken wollten, daß Unglück über seine Feinde komme."

וַיְהִי דְבַר־יְהֹוָה אֵלַי לֵאמֹר : הָלֹךְ וְקָרָאתָ
בְאָזְנֵי יְרוּשָׁלַיִם לֵאמֹר כֹּה אָמַר יְהֹוָה זָכַרְתִּי לָךְ
חֶסֶד נְעוּרַיִךְ אַהֲבַת כְּלוּלֹתָיִךְ לֶכְתֵּךְ אַחֲרַי בַּמִּדְבָּר
בְּאֶרֶץ לֹא זְרוּעָה : קֹדֶשׁ יִשְׂרָאֵל לַיהֹוָה רֵאשִׁית
תְּבוּאָתֹה כָּל־אֹכְלָיו יֶאְשָׁמוּ רָעָה תָּבֹא אֲלֵיהֶם
נְאֻם־יְהֹוָה :

מַסְעֵי.

(Jeremia 2, 4—28; 3, 4.)

שִׁמְעוּ דְבַר־יְהֹוָה בֵּית יַעֲקֹב וְכָל־מִשְׁפְּחוֹת
בֵּית יִשְׂרָאֵל: כֹּה | אָמַר יְהֹוָה מַה־מָּצְאוּ אֲבוֹתֵיכֶם
בִּי עָוֶל כִּי רָחֲקוּ מֵעָלַי וַיֵּלְכוּ אַחֲרֵי הַהֶבֶל וַיֶּהְבָּלוּ:
וְלֹא אָמְרוּ אַיֵּה יְהֹוָה הַמַּעֲלֶה אֹתָנוּ מֵאֶרֶץ מִצְרָיִם
הַמּוֹלִיךְ אֹתָנוּ בַּמִּדְבָּר בְּאֶרֶץ עֲרָבָה וְשׁוּחָה בְּאֶרֶץ
צִיָּה וְצַלְמָוֶת בְּאֶרֶץ לֹא־עָבַר בָּהּ אִישׁ וְלֹא־יָשַׁב
אָדָם שָׁם:

Höret das Wort des Herrn, ihr Stämme Israels! Was für Fehl fanden eure Väter an Mir, daß sie Mir abtrünnig wurden, einem Nichts nachgingen, um selbst zu Nichte zu werden? Warum riefen sie nicht aus: „Wo ist der Herr, der uns aus Egypten geführt, durch öde, wilde, dürre Wüste, die noch nie ein Mensch gegangen? der uns in dies Land gebracht, seine herlichen Früchte zu genießen?" Nein! ihr sprachet nicht so, sondern verunreinigtet mein Land, machtet es zum Gräuel. Auch euere Priester riefen nicht aus: „Wo ist der Herr?" Nein! Die meine Lehre handhaben sollten, erkannten Mich nicht, die Hirten sein sollten, frevelten wider Mich,. die meine Propheten sein sollten, verkünden im Namen der Götter und wandelten nutzlosem Tand nach. Darum will Ich mit Euch und eueren Enkelskindern habern. Fraget doch an bei fremden Völkern, ob je ein Volk seinen Gott um einen Nichtgott getauscht, mein Volk aber, das gab seine Herrlichkeit für ein Nichts hin. Darob staunet ihr Himmel! entsetzt euch darüber! Denn doppelten Frevel begann mein Volk: Mich verließ es, die Quelle ewigen Lebens und grub sich eingefallene Brunnen, die kein Wasser fassen. — Ist denn Israel ein Sklave, oder dessen Kind, daß es zur willkürlichen Beute werden muß?

Löwen erheben ihre Stimme wider dich, machen dein Land zur Einöde, unbewohnt. Und all' dies haft du dir selbst verursacht, indem du deinen Gott verlassen haft und Mich nicht ehrfürchteft. Einst zerbrach Ich das Joch, das du getragen, zerriß beine Bande, weil du versprachest, keine Sünde mehr zu begehen — und nun! Auf jedem Hügel, unter jedem grünenden Baume übst du Götzendienst. Ich pflanzte dich als eble Rebe, wie bist du nun geworden zum Auswuchse eines wilden Weinstockes! Magst dich waschen und reinigen nach Luft, befleckt bleibst du vor Mir durch beine Schuld. Wie wagst du noch zu sprechen: „Ich bin nicht unrein, ging nicht Götzen nach!" Betrachte doch, wohin dich immer bein Weg im Thale führt, was du da thust. Du bist wie das Thier, das an die Wüste gewöhnt ist; seinem Verlangen nicht Einhalt gebieten kann, das man aber auch leicht bort findet. Was frommt es, wenn man dir zuruft: „halte inne!" bu antwortest: „Vergebene Worte! Ich liebe die fremden Götzen und will ihnen nachgehen." — Darum soll Israel beschämt werden, wie ein ertappter Dieb, sammt seinen Fürsten, Prie= stern und Propheten. Weil sie ein Holzstück Vater, einen Stein Mutter nennen, weil sie Mir den Rücken kehrten und nur zur Zeit des Unheiles meiner Hilfe begehrten. Doch mögen beine Götzen dir helfen, rufe diese an, ihre Zahl ist doch so groß, wie bie beiner Städte! — Ja! Jetzt nennst bu Mich Vater, Trauten meiner Jugend!

אֹמְרִים לָעֵץ אָבִי אַתָּה וּלְאֶבֶן אַתְּ יְלִדְתָּנוּ
כִּי־פָנוּ אֵלַי עֹרֶף וְלֹא פָנִים וּבְעֵת רָעָתָם יֹאמְרוּ
קוּמָה וְהוֹשִׁיעֵנוּ: וְאַיֵּה אֱלֹהֶיךָ אֲשֶׁר עָשִׂיתָ לָּךְ
יָקוּמוּ אִם־יוֹשִׁיעוּךָ בְּעֵת רָעָתֶךָ כִּי מִסְפַּר עָרֶיךָ
הָיוּ אֱלֹהֶיךָ יְהוּדָה: הֲלוֹא מֵעַתָּה קָרָאתִי לִי אָבִי
אַלּוּף נְעוּרַי אָתָּה:

Die Haphtaroth
für das fünfte Buch Mosis.

דְּבָרִים.

(Jesaia I. 1—27)

חֲזוֹן יְשַׁעְיָהוּ בֶן־אָמוֹץ אֲשֶׁר חָזָה עַל־יְהוּדָה
וִירוּשָׁלַ͏ִם בִּימֵי עֻזִּיָּהוּ יוֹתָם אָחָז יְחִזְקִיָּהוּ מַלְכֵי
יְהוּדָה: שִׁמְעוּ שָׁמַיִם וְהַאֲזִינוּ אֶרֶץ כִּי יְהוָֹה דִּבֵּר
בָּנִים גִּדַּלְתִּי וְרוֹמַמְתִּי וְהֵם פָּשְׁעוּ בִי: יָדַע שׁוֹר
קֹנֵהוּ וַחֲמוֹר אֵבוּס בְּעָלָיו יִשְׂרָאֵל לֹא יָדַע עַמִּי
לֹא הִתְבּוֹנָן:

Dies ist die Verkündigung des Propheten Jsaia über das sündige Juda und Jerusalem: Höret, ihr Himmel! Horche Erde! denn es spricht der Herr: Kinder habe ich Mir großgezogen, sie zur Macht erhoben, sie aber frevelten wider Mich! — Kennt doch das Thier seinen Eigenthümer, die Krippe seines Herrn, nur Israel ist ohne Erkenntniß, ohne Vernunft. — Wehe! du sündiges Volk, mit Frevel vollbelastetes, verderbte Kinder, die Gott verlassen, Israel's Heiligen verachtet haben, zurückgewichen sind. Krank und siech ist dein Herz, wie dein Kopf. — Willst du denn noch schwerer gezüchtigt werden? Von der Fußspitze bis zum Haupte ist nichts Gesundes an dir, nur Wunden sind an dir zu sehen, unverbundene, schmutzige; dein Land ist schon eine Einöde, deine Städte verbrannt, vor dir plündern Fremde deinen Boden, alles ist eine Wüste, wie nach einer Zerstörung durch Feinde; Jerusalem ist geblieben gleich einer elenden Hütte in einem Weinberge, wie eine belagerte Stadt und hätte Gottes Barmherzigkeit keinen geringen Rest uns übrig gelassen, wir wären Sodom und Amorah gleich geworden! — Höret das Wort Gottes, ihr Fürsten Sodoms, die Lehre meines Gottes, Volk von Amorah! Wozu bedarf Ich denn euerer Opfer Menge? Ich mag sie nicht! Wenn ihr zu Mir beten kommet, wer

verlangt denn solches von euch, die ihr unnütz den Vorhof
meines Tempels zertretet? ! Bringet nicht weiter falsche Opfer,
denn sie sind mir ein Gräuel, versammelt euch nicht in meinem
Hause am Neumond und Sabbat, denn ich mag keine Fest=
versammlung, die voll Frevel ist. Euere Feiertage hasse Ich,
sie sind Mir zur Last, Ich kann sie nicht dulden! Wenn ihr
auch noch so viel betet, Ich wende Mich ab von euch, Ich höre
euch nicht; denn voll Blut sind eure Hände. — Gehet!
Reiniget euch vorerst, entfernet eure Missethaten, übet nicht das
Böse, lernet Gutes thun, seid gerecht im Richteramte, be=
friedigt, dem Gewalt geschehen, nehmet euch der Wittwen und
Waisen an; dann will Ich eure Sünden, wenn sie auch
purpurroth waren, abwaschen, daß ihr weiß, wie der Schnee
werdet. So ihr folgen werdet, sollet ihr den Segen dieses
Landes genießen, so aber nicht, dann soll das Schwert euch
verzehren. — O Jerusalem! Wie warst du einst so treu!
Einst vereinten sich in dir Gerechtigkeit und Gnade, jetzt aber
Mörder! Schlacken ist geworden, was reines Silber in dir
war, dein Trunk gefälscht durch Wasser! Deine Fürsten sind
Unbändige und Diebesgenossen, nehmen Bestechung, jagen nach
Bezahlung, krümmen das Recht der Wittwen und Waisen.
Darum will Ich Mich an euch, meinen Feinden rächen, letze
Mich an euerem Wehe, ihr meine Widersacher! Drückend lege
Ich meine Hand auf euch, leutere euch, schaffe euere Schlacken weg.
Dann werde Ich deine alten Richter und Räthe wieder ein=
setzen, o Jerusalem! daß man dich wieder gerechte, treue
Stadt nenne. Durch Recht wird Zion erlöst, seine Bekehrten
durch Gerechtigkeit!

וְאָשִׁיבָה יָדִי עָלַיִךְ וְאֶצְרֹף כַּבֹּר סִגָּיִךְ וְאָסִירָה
כָּל־בְּדִילָיִךְ : וְאָשִׁיבָה שֹׁפְטַיִךְ כְּבָרִאשֹׁנָה וְיֹעֲצַיִךְ
כְּבַתְּחִלָּה אַחֲרֵי־כֵן יִקָּרֵא לָךְ עִיר הַצֶּדֶק קִרְיָה
נֶאֱמָנָה : צִיּוֹן בְּמִשְׁפָּט תִּפָּדֶה וְשָׁבֶיהָ בִּצְדָקָה :

וָאֶתְחַנַּן.

(Jesaia 40, 1—26)

נַחֲמוּ נַחֲמוּ עַמִּי יֹאמַר אֱלֹהֵיכֶם דַּבְּרוּ עַל־לֵב
יְרוּשָׁלַםִ וְקִרְאוּ אֵלֶיהָ כִּי מָלְאָה צְבָאָהּ כִּי נִרְצָה
עֲוֹנָהּ כִּי לָקְחָה מִיַּד יְהֹוָה כִּפְלַיִם בְּכָל־חַטֹּאתֶיהָ :
קוֹל קוֹרֵא בַּמִּדְבָּר פַּנּוּ דֶּרֶךְ יְהֹוָה יַשְּׁרוּ בָּעֲרָבָה
מְסִלָּה לֵאלֹהֵינוּ :

Tröstet, tröstet mein Volk! so gebietet es euer Herr.
Redet zu Herzen Jerusalem's, rufet ihr zu, daß ihre Frohnzeit
erfüllt, daß genug der Buße, hat sie ja für ihre Sünden schon
doppelt vom Herrn empfangen. — Horcht! In der Wüste
erschallt eine Stimme': Ebnet den Weg des Herrn, schaffet Bahn
in der Einöde unserem Herrn! Thäler werden zu Anhöhen,
Hügel zu Niederungen, die Krümmung wird zur Ebene, Hüg=
liges zum Thal, denn des Herrn Majestät erscheint, daß alle
Welt erkenne: Gott habe es verkündet. — Horch! Fragend ruft
die Stimme: Was soll ich kund thun? Verkünde: der Blume
gleich ist der Mensch, seine Huld gleich der Blüthe am Felde;
wie Blum' und Blüthe rasch verdorren, wenn ein Windhauch
sie streift, so auch der Mensch, — Gottes Wort aber, das
bestehet ewiglich. Darum steige auf den höchsten Gipfel, Bote
Zion's, erhebe mit Macht deine Stimme, fürchte nicht, rede zu
Juda's Städten: Siehe! Der Herr euer Gott, Er naht mit
Macht, und sein Arm bringt Ihm die Herrschaft, sein Lohn
ist mit Ihm und seine Vergeltung. Wie ein Hirte sorgt Er für
seine Heerde, trägt die Schwachen auf seinem Arme und führt
sie mit Vorsicht. — Wo ist der Mensch, der mit seiner Hand=
höhle Meere fassen, mit seiner Spanne die Himmel messen,
den Staub der Erde mit der Wagschale? Wer wollte den Geist
des Herrn ermessen, wem hätte Er seinen Rathschluß verkündet,

mit wem hätte Er sich zu berathen, wollt' Ihn vielleicht einer
den Weg des Rechtes, Vernunft und Einsicht lehren? — Dem
Herrn sind alle Nationen, wie ein Tropfen im Wassermeer,
wie der Staub an der Wagschale, Er trägt sie dahin, wie
Stoppeln, — alle Völker sind ein Nichts vor Ihm, wie Tand
achtet Er sie. — Wem könnte man Gott vergleichen? Welches
Gebilde ihm gleich stellen? Etwa das Bild, das Künstler
gegossen, mit Gold überzogen, mit silbernen Ketten geschmückt?
Oder das Bild, das der Aermere aus gutem Holze von einem
geschickten Meister verfertigen läßt? Wisset ihr's nicht, oder
höret ihr's nicht, daß der Herr über dem Erdkreis thront, die
Himmel ausgespannt, sie ausgebreitet, wie ein Zelt zum Be=
wohnen? Wisset ihr nicht, daß dem Herrn selbst Fürsten und
die Großen der Erde nur eitel Tand sind? Daß Er, kaum
sind sie gepflanzt, kaum schlugen sie Wurzel, mit einem einzigen
Hauche sie verdorren lassen kann, daß sein Sturm wie Stoppeln
sie entführt, und diesen Gott, wem wollt ihr Ihn vergleichen?
Erhebet euere Augen zu den Sternen und sehet, wer all' dies
geschaffen hat, wer ihr Heer nach ihrer Zahl hervorgerufen,
mit Namen genannt hat? Alle erschienen in Furcht vor der
Fülle seiner Allmacht, seiner gewaltigen Kraft.

אַף בַּל־נִטָּעוּ אַף בַּל־זֹרָעוּ אַף בַּל־שֹׁרֵשׁ
בָּאָרֶץ גִּזְעָם וְגַם נָשַׁף בָּהֶם וַיִּבָשׁוּ וּסְעָרָה כַּקַּשׁ
תִּשָּׂאֵם: וְאֶל־מִי תְדַמְיוּנִי וְאֶשְׁוֶה יֹאמַר קָדוֹשׁ:
שְׂאוּ־מָרוֹם עֵינֵיכֶם וּרְאוּ מִי־בָרָא אֵלֶּה הַמּוֹצִיא
בְמִסְפָּר צְבָאָם לְכֻלָּם בְּשֵׁם יִקְרָא מֵרֹב אוֹנִים
וְאַמִּיץ כֹּחַ אִישׁ לֹא נֶעְדָּר:

עֵקֶב.

(Jesaia 49, 14—26; 50, 1—11; 51, 1—3.)

וַתֹּאמֶר צִיּוֹן עֲזָבַנִי יְהֹוָה וַאדֹנָי שְׁכֵחָנִי׃
הֲתִשְׁכַּח אִשָּׁה עוּלָהּ מֵרַחֵם בֶּן־בִּטְנָהּ גַּם־אֵלֶּה
תִשְׁכַּחְנָה וְאָנֹכִי לֹא אֶשְׁכָּחֵךְ׃ הֵן עַל־כַּפַּיִם חַקֹּתִיךְ
חוֹמֹתַיִךְ נֶגְדִּי תָּמִיד׃

Zion klagt: „Gott hat mich verlassen, der Herr hat mich vergessen!" Vergißt die Frau ihres Kindes, kennt sie kein Erbarmen für ihren Sohn? Eher ist solches möglich, als daß Ich, der Herr, dein vergesse! Auf den Händen habe Ich dich eingegraben, deine Mauern sind Mir immer vor Augen, hineilen werden deine Erbauer, während deine Zerstörer dich eilends verlassen. Blicke um dich! Alle Völker versammeln sich bei Dir, und sie alle sollst du zu deinem Schmucke anlegen, wie die Braut ihr Geschmeide. Dein zertrümmertes, verwüstetes Land wird zu enge werden der großen Zahl seiner Bewohner, wenn deine Verderber fortziehen; die einst verwaisten Kinder werden dir zurufen: Der Raum ist zu klein, ich möchte mich ausbreiten!" Dann wirst du dich fragen: „Wem danke ich Beraubte und Zerstörte all' dies? Verjagt und verstoßen war ich, dachte, ich sei verwaist geblieben, wer hat mir nun diese hergebracht und großgezogen?" So spricht der Herr: Ich bin es, Ich gebiete den Völkern, daß sie deine Kinder auf ihren Schultern herbringen, Könige werden deine Führer, Fürstinnen sollen dich pflegen, sollen lecken den Staub deiner Füße, daß du erkennest deinen Herrn, der seine Treuen nicht beschämen läßt. — Wer kann dem Helden seinen Raub, dem Sieger seine Beute entreißen? Ich, der Herr, werde es thun, werde mit deinen Gegnern streiten, helfen deinen Kindern, deine Bedränger sollen sich selbst verzehren, ihr eigenes Blut mache sie berauscht, bis endlich die Welt erkennet, daß Ich, der Herr dein Helfer, Ich dein Erlöser bin, dein Held, o Jakob! — So spricht der Herr: Warum wollte Ich Israel einen Scheide= brief geben, ob welcher Schuld es verkaufen? In Folge seiner Sünden und Frevel hätte es verdient, fortgejagt und verkauft zu werden. Warum antwortete keiner, als Ich zu euch kam und euch rief? Kann Ich vielleicht nicht erlösen, habe Ich keine Kraft zu retten, Ich, der in meinem Zorne das Meer trocken lege, Ströme zur dürren Wüste mache; Ich, der die Himmel in Dunkel kleide, gleich wie mit Trauergewandung sie um= hänge?!, — Mir gab der Herr eine Sprache zu lehren, den Ermüdeten mit Worten zu stärken und jeden Morgen erwecket Er mein Ohr, zu horchen auf seine Weisung. Der Herr gab mir seinem Propheten die Verkündigung, ich will nicht wider= spenstig sein, will nicht zurückweichen. Mögen mich auch meine Feinde schlagen, mich verwunden, ich biete ihnen meinen Körper hin; — Gott wird mir schon helfen, daß ich gleich einem Steine werde, Spott nicht erkenne! Denn mein Vertreter ist nahe, kommet, treten wir zusammen, vor Ihn hin, kommet zum Streite. Gott ist mit mir, wer könnte mir Böses anthun, meine Feinde zerfallen alle, als hätte sie die Motte zerstört. Wer von euch gottesfürchtig ist und hört auf die Stimme seines Propheten, wer im Finstern gewandelt, ohne Licht, der ver= traue auf Gott und stütze sich auf Ihn; — ihr Anderen, ihr seid wie Feuerzünder, Feuerschürer, die in eigen gefachter Gluth verbrennen, — so straft euch der Herr, in Leiden läßt Er euch liegen. Ihr aber, die das Edle wollet, Gott fürchtet, blicket zurück auf euren Stammvater Abraham, auf Sara, eure Stamm= mutter, ihn allein berief Sich Gott, segnete und vermehrte ihn. Seinetwillen erbarmt Sich der Herr der Trümmer Zions, wird das Land wieder zum Gottesgarten, zum Paradiese machen, daß eitel Freude in ihm gefunden werde, Dank und Jubellieder darin erschallen."

שִׁמְעוּ אֵלַי רֹדְפֵי צֶדֶק מְבַקְשֵׁי יְהוָה הַבִּיטוּ
אֶל־צוּר חֻצַּבְתֶּם וְאֶל־מַקֶּבֶת בּוֹר נֻקַּרְתֶּם: הַבִּיטוּ
אֶל־אַבְרָהָם אֲבִיכֶם וְאֶל־שָׂרָה תְּחוֹלֶלְכֶם כִּי־אֶחָד

קְרָאתִיו וַאֲבָרְכֵהוּ וְאַרְבֵּהוּ: כִּי נִחַם יְהוָֹה צִיֹּון
נִחַם כָּל־חָרְבֹתֶיהָ וַיָּשֶׂם מִדְבָּרָהּ כְּעֵדֶן וְעַרְבָתָהּ
כְּגַן־יְהוָֹה שָׂשֹׂון וְשִׂמְחָה יִמָּצֵא בָהּ תֹּודָה וְקֹול
זִמְרָה:

רְאֵה.

(Jesaia 54, 11—17; 55, 1—5.)

עֲנִיָּה סֹעֲרָה לֹא נֻחָמָה הִנֵּה אָנֹכִי מַרְבִּיץ
בַּפּוּךְ אֲבָנַיִךְ וִיסַדְתִּיךְ בַּסַּפִּירִים: וְשַׂמְתִּי כַּדְכֹד
שִׁמְשֹׁתַיִךְ וּשְׁעָרַיִךְ לְאַבְנֵי אֶקְדָּח וְכָל־גְּבוּלֵךְ
לְאַבְנֵי־חֵפֶץ: וְכָל־בָּנַיִךְ לִמּוּדֵי יְהֹוָה וְרַב שְׁלוֹם
בָּנָיִךְ:

O Israel! Bist du nun auch verarmt, beraubt, trostlos,
einst wirst du glänzen und funkeln, wie in Saphir eingelegt.
Deine Kinder werden Schüler Gottes heißen und groß wird
der Frieden unter ihnen sein; auch dir wird einst Gerechtigkeit
noch widerfahren, rohe Gewalt sollst auch du einst nicht mehr
fürchten brauchen, Schrecken bleibt dir fern; rotten sich auch
Manche gegen dich, sie sind gleich einem Nichts, es fällt ein
Jeder, der wider dich sich rüstet. Siehe! Ich habe den Schmied
erschaffen, der die Kohlengluth anfacht und das tödtliche Werkzeug hervorbringt. Ich erschuf den Verderber, auszurotten, —
doch jedes Schwert, gegen dich geschmiedet, wird fruchtlos, jede
Lästerzunge, gegen dich gerichtet, wirst du Lügen strafen: das
sei das Erbgut der Knechte Gottes, das ihr Verdienst von Mir,
so spricht der Herr. — Darum kommet alle, ihr Mittellose,
Durstige und Hungrige! Hier bei euerem Gotte ist Nahrung,
Vorrath, Wein und Milch ohne Kaufpreis! Wozu
wäget ihr Gold? wollt erwerben, ohne sättigendes Brot zu erhalten? Höret auf Mich, euerem Herrn, dann allein werdet
ihr Gutes genießen, dann allein wird auch euere Seele
frohlocken. Darum neiget euch, kommet zu Mir, daß auflebe
euere Seele; einen ewigen Bund will Ich mit euch schließen,
wie er sich einst bei meinem treuen Knechte David bewährte.
So wie Ich ihn zum Gesetzgeber der Völker bestellte, zum Fürsten

und Befehlshaber der Nationen, so wirst auch du Israel unbe=
kannten Völkern zurufen, fremde Nationen werden zu dir hin=
eilen, Gott zu ehren, den Heiligen Israels, durch den auch du
verherrlicht wirst.

הַטּוּ אָזְנְכֶם וּלְכוּ אֵלַי שִׁמְעוּ וּתְחִי נַפְשְׁכֶם
וְאֶכְרְתָה לָכֶם בְּרִית עוֹלָם חַסְדֵי דָוִד הַנֶּאֱמָנִים:
הֵן עֵד לְאוּמִּים נְתַתִּיו נָגִיד וּמְצַוֵּה לְאֻמִּים: הֵן
גּוֹי לֹא־תֵדַע תִּקְרָא וְגוֹי לֹא יְדָעוּךָ אֵלֶיךָ יָרוּצוּ
לְמַעַן יְהֹוָה אֱלֹהֶיךָ וְלִקְדוֹשׁ יִשְׂרָאֵל כִּי פֵאֲרָךְ:

שׁוֹפְטִים.

(Jesaia 51, 12—23; 52, 1—12.)

אָנֹכִי אָנֹכִי הוּא מְנַחֶמְכֶם מִי-אַתְּ וַתִּירְאִי
מֵאֱנוֹשׁ יָמוּת וּמִבֶּן-אָדָם חָצִיר יִנָּתֵן : וַתִּשְׁכַּח יְהוָה
עֹשֶׂךָ נוֹטֶה שָׁמַיִם וְיֹסֵד אָרֶץ וַתְּפַחֵד תָּמִיד כָּל-
הַיּוֹם מִפְּנֵי חֲמַת הַמֵּצִיק כַּאֲשֶׁר כּוֹנֵן לְהַשְׁחִית
וְאַיֵּה חֲמַת הַמֵּצִיק : מִהַר צֹעֶה לְהִפָּתֵחַ וְלֹא-יָמוּת
לַשַּׁחַת וְלֹא יֶחְסַר לַחְמוֹ :

Ich, der Herr, tröste euch. Was fürchtest du, Israel, den Sterblichen, den, gleich der Blume, Vergänglichen? und vergissest des Herrn, deines Schöpfers, der die Himmel ausgespannt, die Erde gegründet, fürchtest den ganzen Tag den Zorn des Bedrängers, der dich zu verderben droht — was ist ⬛ sein Zorn?! Fürchte nicht! Der Umschlossene soll bald befreit sein, stirbt nicht im Kerker, entbehrt nicht sein Brot. Denn Ich, der Herr, der das Meer bedräut, daß seine Wogen aufschäumen, Ich gebiete dir, meinem Propheten, daß du unter meinem Schutze, vertrauend auf den Gründer des Himmels und der Erde, verkündest: Zion, du bist das Volk Gottes! Auf! Erwache Jerusalem! Du hast den Wermuthsbecher aus der Hand des Herrn zur Genüge geleert! Deine Kinder, die du großgezogen, konnten dich nicht stützen, denn Verwüstung, Zusammenbruch, Hunger und Schwert ereilten dich, deine Söhne lagen verschmachtend an den Straßenecken, erfüllt von der Strafe Gottes, von seinem Grimme, wer hätte dir Trost spenden sollen?! Doch höre dies, du Arme, vom Unglück Trunkene! Jetzt wird der Herr den Wermuthsbecher aus der Hand dir nehmen, du sollst ihn nimmer trinken, deine Bedrücker, die dich knieen hießen, daß sie über deinen Rücken ziehen, die sollen ihn nun empfangen. — Darum auf, auf, Zion! Lege deine Ruhmeskleider an,

Jerusalem!)Denn kein Unreiner, kein Fremder komme mehr in deine Stadt. (Erhebe dich aus dem Staube,)Gefangene Jeru=salem's!)Zerreiße deine Bande, du Gefesselte Zions! Denn so spricht der Herr: Hat man euch wie werthlos verkauft, soll auch nicht Geld euer Lösegeld sein. Einst knechtete es Egypten, dann Aschur, was habe Ich davon, daß mein Volk so gedrückt wird?)Brüsten sich doch seine Herrscher und verhöhnen täglich meinen Namen! Darum soll mein Volk meinen Namen er=kennen, soll wissen, daß Ich zu ihm spreche: Ziehe hinauf auf die Berge, du lieblicher Bote, verkünde Heil, Frieden, Gutes, verkünde Zion: Dein Gott ist der Herrscher! Alle beine Seher und Propheten sollen jauchzen, denn sie sehen voraus Gottes Fügung in Zion. Brechet aus in Jubel, ihr Träumer Jeru=salem's! ber Herr erbarmt sich deiner, erlöset dich; vor allen Völkern zeigt der Herr seine Macht, daß die Enden der Erbe Gottes Hilfe erkennen. Darum entfernt euch aus der Stadt euerer Gefangenschaft! Ziehet aus ihrer Mitte, reiniget euch, ihr Träger der Gottesgeräthe; ihr habet nicht nöthig mit Hast fortzuziehen, zu flüchten, denn der Herr zieht vor euch und Israels Gott versammelt euch.

חָשַׂף יְהוָֹה אֶת־זְרוֹעַ קָדְשׁוֹ לְעֵינֵי כָּל־הַגּוֹיִם
וְרָאוּ כָּל־אַפְסֵי־אָרֶץ אֵת יְשׁוּעַת אֱלֹהֵינוּ: סוּרוּ
סוּרוּ צְאוּ מִשָּׁם טָמֵא אַל־תִּגָּעוּ צְאוּ מִתּוֹכָהּ הִבָּרוּ
נֹשְׂאֵי כְּלֵי יְהוָֹה: כִּי לֹא בְחִפָּזוֹן תֵּצֵאוּ וּבִמְנוּסָה
לֹא תֵלֵכוּן כִּי־הֹלֵךְ לִפְנֵיכֶם יְהוָֹה וּמְאַסִּפְכֶם אֱלֹהֵי
יִשְׂרָאֵל:

כִּי תֵצֵא.

(Jefaia 54, 1—10.)

רָנִּי עֲקָרָה לֹא יָלָדָה פִּצְחִי רִנָּה וְצַהֲלִי לֹא־
חָלָה כִּי־רַבִּים בְּנֵי־שׁוֹמֵמָה מִבְּנֵי בְעוּלָה אָמַר
יְהוָה: הַרְחִיבִי | מְקוֹם אָהֳלֵךְ וִירִיעוֹת מִשְׁכְּנוֹתַיִךְ
יַטּוּ אַל־תַּחְשֹׂכִי הַאֲרִיכִי מֵיתָרַיִךְ וִיתֵדֹתַיִךְ חַזֵּקִי:
כִּי־יָמִין וּשְׂמֹאול תִּפְרֹצִי וְזַרְעֵךְ גּוֹיִם יִירָשׁ וְעָרִים
נְשַׁמּוֹת יוֹשִׁיבוּ:

Jauchze, brich aus in Jubel, o Jsrael! Erweitere den Raum, spanne weit aus die Umhänge deines Zeltes, halte nicht inne! Dehne deine Seile, schlage weiter deine Pflöcke ein! Denn rechts und links sollst du dich einst verbreiten, deine Nach= kommen werden Völker vertreiben und wüste Städte wohnbar machen. Darum zage nicht Jsrael! du wirst doch nicht zu Schanden werden, schäme dich nicht, du wirst nicht erröthen brauchen, — vergessen wirst du die Schmach, die in deiner Jugend dir angethan worden, wirst nicht gedenken der Beschä= mung, als gleich einer Wittwe du vereinsamt standest. — Denn der Herr, dein Schöpfer, ist dir wie ein Gatte, (Er, der Hei= lige Jsraels, der ganzen Erde Herr, ist dein Erlöser; gleich wie der Gatte sein früher verlassenes, betrübtes, von ihm einst verachtetes Weib doch wieder sehnend zurückruft, die Genossin seines Jugendglückes, so wird auch Gott in seiner großen Gnade Jsrael wieder um Sich versammeln, sein für einen kurzen Augenblick verstoßenes Volk; verbarg Er auch sein Antlitz für eine kurze Spanne Zeit zornig vor uns, in seiner ewigen Gnade wird Er sich unser wieder erbarmen, unser Erlöser, der Herr. Denn so spricht der Herr: Wie Ich dem Noah zugeschworen habe, keine Sintfluth über die Erde zu schicken, so schwur Ich

auch, über Israel nicht dauernd zu zürnen, es nicht ewig zu
bedräuen; eher werden Berge wanken und Hügel weichen, als
meine Gnade, mein Friedensbund von dir, o Israel!

בְּשֶׁצֶף קֶצֶף הִסְתַּרְתִּי פָנַי רֶגַע מִמֵּךְ וּבְחֶסֶד
עוֹלָם רִחַמְתִּיךְ אָמַר גֹּאֲלֵךְ יְהוָֹה: כִּי־מֵי נֹחַ זֹאת
לִי אֲשֶׁר נִשְׁבַּעְתִּי מֵעֲבֹר מֵי־נֹחַ עוֹד עַל־הָאָרֶץ כֵּן
נִשְׁבַּעְתִּי מִקְּצֹף עָלַיִךְ וּמִגְּעָר־בָּךְ: כִּי הֶהָרִים יָמוּשׁוּ
וְהַגְּבָעוֹת תְּמוּטֶינָה וְחַסְדִּי מֵאִתֵּךְ לֹא־יָמוּשׁ וּבְרִית
שְׁלוֹמִי לֹא תָמוּט אָמַר מְרַחֲמֵךְ יְהוָֹה:

כִּי תָבוֹא.

(יְשַׁעְיָה 60, 1—22.)

קוּמִי אוֹרִי כִּי־בָא אוֹרֵךְ וּכְבוֹד יְהֹוָה עָלַיִךְ
זָרָח: כִּי־הִנֵּה הַחֹשֶׁךְ יְכַסֶּה־אֶרֶץ וַעֲרָפֶל לְאֻמִּים
וְעָלַיִךְ יִזְרַח יְהֹוָה וּכְבוֹדוֹ עָלַיִךְ יֵרָאֶה: וְהָלְכוּ גוֹיִם
לְאוֹרֵךְ וּמְלָכִים לְנֹגַהּ זַרְחֵךְ:

Erhebe dich Iſrael! und leuchte, denn es naht deine
Leuchte, es beſtrahlt dich die Herrlichkeit Gottes. Bedeckt auch
Finſternis die Erde und Gewölk die Völker, dir leuchtet der
Herr, über dir erſcheint ſeine Majeſtät, auf daß Völker zu
deinem Lichte wandern, Könige zu deinem Strahlenglanze. Blicke
um dich! Alle verſammeln ſich zu dir, bringen deine Söhne
von der Ferne, tragen ſie auf ihren Schultern. Dann wirſt du
unter Bangen dich freuen, zitternd erweitert ſich dein Herz; denn
dir wenden ſich die Mengen der Völker zu, bringen dir Geſchenke,
verkünden den Ruhm des Herrn; mächtige Nationen werden
dir dienen, ſuchen Wohlgefallen bei meinem Altare — ſo
ſchmücke Ich meinen Ruhmestempel. Wie fliegende Wolken eilen
die Völker, wie die Taube zu ihrem Schlage, Schiffe bringen
deine Söhne, beladen mit Gold und Silber, zu ehren deinen
Gott, Iſraels Heiligen, der dich verherrlicht. Fremde erbauen
deine Mauern, Könige ſtehen dir zu Dienſten, denn in meinem
Zorne ſchlug Ich dich und in meiner Liebe erbarme Ich Mich
deiner. Geöffnet ſind deine Thore Tag und Nacht, daß her-
einſtrömen die Maſſen der Nationen ſammt ihren Fürſten,
Völker, die dir fremd waren, werden deine Diener, während
andere untergehen, die dich bedrückten, gehen gebückt vor dir,
deine Verächter ſollen deine Füße küſſen, dich Gottesſtadt nennen.
Bis nun warſt du verlaſſen und gehaßt, jetzt mache Ich dich
zum Stolze der Welt, zur Freude der Geſchlechter, ſtatt Kupfer
wird Gold, ſtatt Eiſen Silber dir gebracht werden, deine Oberen

heißen: „Frieden", deine Aufseher: „Gerechtigkeit"; weder Gewaltthat, noch Verwüstung soll in deinen Grenzen herrschen, deine Mauern und Thore sollen nur Heil und Ruhm verkün= den; nicht die Sonne soll dir am Tage leuchten, nicht der Mond des Nachts, der Herr sei deine ewige Leuchte, dein Schmuck sei Gott, Sonne und Mond sollen für dich niemals untergehen, denn der Herr bestrahlt dich für ewige Zeiten und ein Ende nehmen die Tage deiner Trauer, dein Volk — sie Alle sind gerecht, besitzen das Land für immer, bleiben die Sprößlinge meiner Pflanzung, meiner Hände Werk zu meiner Verherr= lichung, das geringe und schwache Israel wird zahlreich und mächtig, Ich, der Herr, werde dies zu seiner Zeit schnell voll= bringen.

לֹא־יָבוֹא עוֹד שִׁמְשֵׁךְ וִירֵחֵךְ לֹא־יֵאָסֵף כִּי
יְהֹוָה יִהְיֶה־לָּךְ לְאוֹר עוֹלָם וְשָׁלְמוּ יְמֵי אֶבְלֵךְ:
וְעַמֵּךְ כֻּלָּם צַדִּיקִים לְעוֹלָם יִירְשׁוּ אָרֶץ נֵצֶר מַטָּעַי
מַעֲשֵׂה יָדַי לְהִתְפָּאֵר: הַקָּטֹן יִהְיֶה לָאֶלֶף וְהַצָּעִיר
לְגוֹי עָצוּם אֲנִי יְהֹוָה בְּעִתָּהּ אֲחִישֶׁנָּה:

נִצָּבִים.

(Jejaia 61, 10—11; 62, 1—12; 63, 1—9.)

שׂוֹשׂ אָשִׂישׂ בַּיהוָֹה תָּגֵל נַפְשִׁי בֵּאלֹהַי כִּי
הִלְבִּישַׁנִי בִּגְדֵי־יֶשַׁע מְעִיל צְדָקָה יְעָטָנִי כֶּחָתָן יְכַהֵן
פְּאֵר וְכַכַּלָּה תַּעְדֶּה כֵלֶיהָ: כִּי כָאָרֶץ תּוֹצִיא צִמְחָהּ
וּכְגַנָּה זֵרוּעֶיהָ תַצְמִיחַ כֵּן | אֲדֹנָי יְהוִֹה יַצְמִיחַ צְדָקָה
וּתְהִלָּה נֶגֶד כָּל־הַגּוֹיִם: לְמַעַן צִיּוֹן לֹא אֶחֱשֶׁה
וּלְמַעַן יְרוּשָׁלַם לֹא אֶשְׁקוֹט עַד־יֵצֵא כַנֹּגַהּ צִדְקָהּ
וִישׁוּעָתָהּ כְּלַפִּיד יִבְעָר:

Meine Freude ift der Herr, meine Wonne mein Gott,
denn Siegesgewandung legt Er mir an, den Mantel des Heiles,
wie Braut und Bräutigam ihren feierlichen Schmuck anlegen.
Wie die Erde Pflanzen treibt, der Garten seine Blumen, so auch
Gott die Gerechtigkeit und den Ruhm angesichts der Völker. —
Um Zion's willen will Ich, der Herr, nicht schweigen, nicht
ruhen, bis hell aufleuchtet sein Recht und sein Heil, bis Völker
und Könige deine Ehre anerkennen, und dich bei deinem neuen
Namen nennen, den der Herr dir gibt, bis du zur Ruhmeskrone
in Gottes Hand wirst, du nicht mehr Verlassene und Verwüstete heißen wirst, sondern das Land, an dem Gott Wohlgefallen findet. Hüter setze Ich ein über Jerusalem, die ohne
Unterlaß ermahnen, nicht schweigen, bis gefestigt ist Jerusalem
zum Ruhme der ganzen Erde. Siehe! es schwört der Herr,
dein Korn, deinen Most nimmer den Feinden zu überliefern,
die ihn einsammeln, sollen Gott preisend, in seinem Heiligthume
sich vor ihm beugend, ihn auch genießen. Darum ziehet durch
die Thore, ebnet die Wege, entfernet jeden Anstoß, erhebet ein
Panier den Völkern, denn der Herr, bei Dem die Hilfe und
der Lohn, Er verkündet es Zion: Dein Heil, es naht und

genannt wirſt du: „heiliges Volk, Erlöſte des Herrn!" deine
Stadt: „Geſuchte, nimmer Verlaſſene." — Darum preiſe ich
die Huld des Ewigen, verkünde ſeine Herrlichkeit, weil Er
Iſrael ſo reiche Güte erwieſen hat, es begnadet, Sich ſeiner
erbarmt und geſprochen hat: Es iſt ja doch mein Volk, Kin=
der, die nicht lügen werden, Ich will ihr Retter ſein. — Denn
Ihn ſchmerzte ihre Bedrängnis, in ſeiner Huld und Liebe erlöſte
und half Er ihnen, trägt und führt ſie der Zeiten Dauer
hindurch.

חַסְדֵי יְהֹוָה ׀ אַזְכִּיר תְּהִלֹּת יְהֹוָה כְּעַל כֹּל
אֲשֶׁר־גְּמָלָנוּ יְהֹוָה וְרַב־טוּב לְבֵית יִשְׂרָאֵל אֲשֶׁר־
גְּמָלָם כְּרַחֲמָיו וּכְרֹב חֲסָדָיו: וַיֹּאמֶר אַךְ־עַמִּי הֵמָּה
בָּנִים לֹא יְשַׁקֵּרוּ וַיְהִי לָהֶם לְמוֹשִׁיעַ: בְּכָל־צָרָתָם ׀
לֹא צָר וּמַלְאַךְ פָּנָיו הוֹשִׁיעָם בְּאַהֲבָתוֹ וּבְחֶמְלָתוֹ
הוּא גְאָלָם וַיְנַטְּלֵם וַיְנַשְּׂאֵם כָּל־יְמֵי עוֹלָם:

וַיֵּלֶךְ.

(Jesaia 55, 6—13; 56, 1—8.)

דִּרְשׁוּ יְהֹוָה בְּהִמָּצְאוֹ קְרָאֻהוּ בִּהְיוֹתוֹ קָרוֹב:
יַעֲזֹב רָשָׁע דַּרְכּוֹ וְאִישׁ אָוֶן מַחְשְׁבֹתָיו וְיָשֹׁב אֶל־
יְהֹוָה וִירַחֲמֵהוּ וְאֶל־אֱלֹהֵינוּ כִּי־יַרְבֶּה לִסְלוֹחַ: כִּי
לֹא מַחְשְׁבוֹתַי מַחְשְׁבוֹתֵיכֶם וְלֹא דַרְכֵיכֶם דְּרָכָי
נְאֻם יְהֹוָה:

Suchet so den Herrn, daß Er sich finden lasse, rufet ihn so, daß Er nahe sei: Es verlasse der Böse seinen Weg, der Frevler seine tückischen Pläne, kehrt er so zu Gott zurück, dann erbarmt der Herr Sich seiner, denn Er ist allvergebend. — Denn nicht wie die der Menschen, sind die Rathschlüsse des Herrn, nicht gleiche Wege haben sie, wie Himmel und Erde, so entfernt sind sie von einander. Gleich wie der Regen zur Erde fällt und erst, nachdem er den Boden getränkt, die Saat aufkeimen läßt, wieder gen Himmel steigt, so fallen auch die Worte des Herrn nicht vergebens zu Boden, führen seinen Willen aus, erfüllen ihre Sendung. So verkünden jetzt die Worte des Herrn, daß Israel einst in Freude und Jubel aus und ein= ziehen wird, entgegenjauchzen werden ihm die Hügel und die Bäume des Feldes — doch müsset ihr vorerst, so spricht der Herr, das Recht wahren und ausüben, dann ist meine Hilfe nahe, dann offenbart sich mein Heil. — Heil dem Menschen, der Recht übt, den Sabbath nicht entweiht, nichts Böses im Schilde führt. Selbst dem Fremden, der sein Volk verlassen und den Einzigen anerkennt, meinen Sabbat hält, fest hält an meinem Bunde, dem setzte Ich in meinen Mauern ein Denkmal, dankbarer als Söhne und Töchter, einen ewigen, unvertilgbaren Namen stifte Ich ihm. Alle Fremde, die dem Herrn sich anschließen, seine Knechte sein wollen, bringe Ich an meinen heiligen Zionsberg, erfreue sie mit meinem Tempel, nehme wohlgefällig ihre Opfer an, denn mein Haus sei das Gotteshaus aller Völker — so spricht der Herrr, der Israel's Vertriebene wieder versammelt.

וּבְנֵי הַנֵּכָר הַנִּלְוִים עַל־יְהֹוָה לְשָׁרְתוֹ וּלְאַהֲבָה אֶת־שֵׁם יְהֹוָה לִהְיוֹת לוֹ לַעֲבָדִים כָּל־שֹׁמֵר שַׁבָּת מֵחַלְּלוֹ וּמַחֲזִיקִים בִּבְרִיתִי: וַהֲבִיאוֹתִים אֶל־הַר קָדְשִׁי וְשִׂמַּחְתִּים בְּבֵית תְּפִלָּתִי עוֹלֹתֵיהֶם וְזִבְחֵיהֶם לְרָצוֹן עַל־מִזְבְּחִי כִּי בֵיתִי בֵּית־תְּפִלָּה יִקָּרֵא לְכָל־ הָעַמִּים: נְאֻם אֲדֹנָי יֱהֹוִה מְקַבֵּץ נִדְחֵי יִשְׂרָאֵל עוֹד אֲקַבֵּץ עָלָיו לְנִקְבָּצָיו:

הַאֲזִינוּ.

(Samuel II. 22, 1—51.)

וַיְדַבֵּר דָּוִד לַיהוָה אֶת־דִּבְרֵי הַשִּׁירָה הַזֹּאת
בְּיוֹם הִצִּיל יְהוָה אֹתוֹ מִכַּף כָּל־אֹיְבָיו וּמִכַּף שָׁאוּל:
וַיֹּאמַר יְהוָה סַלְעִי וּמְצֻדָתִי וּמְפַלְטִי־־לִי: אֱלֹהֵי
צוּרִי אֶחֱסֶה־־בּוֹ מָגִנִּי וְקֶרֶן יִשְׁעִי מִשְׂגַּבִּי וּמְנוּסִי
מֹשִׁעִי מֵחָמָס תֹּשִׁעֵנִי:

Danklied David's, als ihn der Herr aus der Hand seiner
Feinde rettete. Herr! Mein Fels und meine Burg, auf Den
ich vertraue, mein Schild und Heil, mein Hort und meine Zuflucht, preisend rufe ich Dich an, der von Feinden mich errettest. Wenn Todesbrandungen mich umstürmen, die Bande der
Unterwelt mich umringen, in der Noth rufe ich Dich an, o
Herr! Und Du erhörest mich. Es wankt und bebt die Erde,
es zittern die Himmel, wenn Dein Zorn entbrennt. — Der
Herr erhebt seine Stimme, sendet seine Pfeile und verwirrt
die Feinde; so hilft Er mir im Streite mit Widersachern,
die mächtiger sind, als ich; sie überfielen mich am Tage meines
Sturzes, doch Du warst meine Stütze, befreitest mich, vergaltest
mir nach meinem Rechte, meiner Lauterkeit gemäß, denn ich
habe des Herrn Wege und Vorschriften gewahrt, wich nicht ab
von seinen Satzungen, hütete mich vor Sünde und Du erweisest
Dich ja gütig dem Edlen, dem Holden und Reinen, stehst bei
dem gedrückten Volke, — so bist du auch mein Licht, Du erhellest
mein Dunkel, durch ·Dich ermuthigt zersprenge ich Schaaren,
übersteige Mauern. — O Herr! Gibt es denn außer Dir noch
einen Gott? Außer Dir einen andern Hort? Der Herr ist
meine Veste, verleiht mir Kraft, übt meine Hände zum Kriege,
schenkt mir den Schild seines Heiles, weitet meine Schritte, daß
ich nicht wanke, sondern vertreibe die Feinde, vertilge, sie auf-

reibe, zerschmettere, daß sie vor meinen Füßen hinfallen! Du, o Herr! beugst meine Widersacher, daß ich sie vernichte und zertrete. Du rettest mich aus den Fehden meines Volkes, bewahrst mich zum Haupte Nationen, daß die Fremden, schlaff geworden, mir heucheln und schmeicheln. Darum Heil Dir mein Hort! Gepriesen seist Du, mein Schutz! der mich über meine Wider= sacher erhebt, mich rettet vom Manne der rohen Gewalt, Dich preise ich, Dir singe ich unter den Völkern, denn Du bist das Siegeswahrzeichen deines Königs, erweisest Gnade deinem Ge= salbten David und seinen Nachkommen für alle Zeiten.

וּמוֹצִיאִי מֵאֹיְבָי וּמִקָּמַי תְּרוֹמְמֵנִי מֵאִישׁ חֲמָסִים
תַּצִּילֵנִי: עַל־כֵּן אוֹדְךָ יְהֹוָה בַּגּוֹיִם וּלְשִׁמְךָ אֲזַמֵּר:
מַגְדִּיל יְשׁוּעוֹת מַלְכּוֹ וְעֹשֶׂה־חֶסֶד לִמְשִׁיחוֹ לְדָוִד
וּלְזַרְעוֹ עַד־עוֹלָם:

Die Haphtaroth
für besondere Sabbathe.

שַׁבָּת שׁוּבָה.

(Hoſea 14, 2—10; Joel 2, 15—27.)

שׁוּבָה יִשְׂרָאֵל עַד יְהֹוָה אֱלֹהֶיךָ כִּי כָשַׁלְתָּ
בַּעֲוֺנֶךָ: קְחוּ עִמָּכֶם דְּבָרִים וְשׁוּבוּ אֶל יְהֹוָה אִמְרוּ
אֵלָיו כָּל תִּשָּׂא עָוֺן וְקַח טוֹב וּנְשַׁלְּמָה פָרִים שְׂפָתֵינוּ:
אַשּׁוּר לֹא יוֹשִׁיעֵנוּ עַל סוּס לֹא נִרְכָּב וְלֹא־נֹאמַר
עוֹד אֱלֹהֵינוּ לְמַעֲשֵׂה יָדֵינוּ אֲשֶׁר־בְּךָ יְרֻחַם יָתוֹם:

Kehre zurück, o Iſrael! zu beinem Gotte, nachdem du
an beinen Sünden geſtrauchelt biſt. Mit reuevollen Worten
kehret zu Ihm zurück, betet zu Ihm: „O Herr! Allverzeihen=
der, Allgütiger! Empfange das Sündenbekenntnis unſerer Lippen!
Nicht vertrauen wir mehr auf Fremde, nennen nicht Gott unſerer
Hände Werk, denn Du allein erbarmſt Dich der Waiſen!"
Und Ich, der Herr, heile ihre Abtrünnigkeit, liebe ſie inniglich,
mein Zorn ſchwindet; Thau will Ich Iſrael ſein, daß es auf=
blühe gleich der Lilie, Wurzel faſſe wie die Zeder, daß ſeine
Sprößlinge ſich ausbreiten, ſeine Pracht gleich der des Oel=
baumes ſei, ſein Duft wie der des Libanon; die in ſeinen
Schatten einſt ruheten, kehren wieder, keimen auf, wie das
Kornſamen, erblühen wie die Rebe, daß man ihrer freudig ge=
denkt, wie des Weines vom Libanon. Efraim kümmert ſich nicht
mehr um Götzen, Ich führe es ben rechten Weg, Ich will ihm
die blühende Terebinthe ſein, deſſen Früchte er genießen ſoll.
Der Vernünftige und Einſichtige erkennet dies an, daß des
Herrn Wege gerecht, die Frommen wandeln ihn, doch die Frev=
ler ſtraucheln darauf. —

Laſſet in Zion die Poſaune erſchallen, rufet ein die Ver=
ſammlung, die Aelteſten, wie die Kinder, das ganze Volk ver=
ſammle ſich in meinem Gotteshauſe, wo meine Prieſter weinenb
beten: „O Herr! Sei beinem Volke gnädig! Gib es nicht preis

dem Hohne und Spotte der Völker, warum sollen diese höhnend
rufen: Wo ist denn ihr Gott?!" Und siehe! Der Herr erhört
das Gebet und spendet Segen dem Lande, und nicht sollen euer
die Völker spotten, Wind und Sturm entfernet Er von eueren
Gefilden,) die wilden Thiere verjagt Er in die Wüste, ,Regen
und Sonnenschein sendet Er zur rechten Zeit, daß ihr euch
freuet des Segens eueres Herrn, Ihn lobet, Der euch aus=
zeichnet, euch nicht zu Schanden werden läßt und erkennet, daß
der Herr in der Mitte seines Volkes thront.

וְשִׁלַּמְתִּי לָכֶם אֶת־הַשָּׁנִים אֲשֶׁר אָכַל הָאַרְבֶּה
הַיֶּלֶק וְהֶחָסִיל וְהַגָּזָם חֵילִי הַגָּדוֹל אֲשֶׁר שִׁלַּחְתִּי
בָּכֶם: וַאֲכַלְתֶּם אָכוֹל וְשָׂבוֹעַ וְהִלַּלְתֶּם אֶת שֵׁם
יְהֹוָה אֱלֹהֵיכֶם אֲשֶׁר עָשָׂה עִמָּכֶם לְהַפְלִיא וְלֹא־
יֵבֹשׁוּ עַמִּי לְעוֹלָם: וִידַעְתֶּם כִּי בְקֶרֶב יִשְׂרָאֵל
אָנִי וַאֲנִי יְהֹוָה אֱלֹהֵיכֶם וְאֵין עוֹד וְלֹא יֵבֹשׁוּ עַמִּי
לְעוֹלָם:

———————

שַׁבָּת חוֹל־הַמּוֹעֵד שֶׁל סֻכּוֹת.

(Ezechiel 38, 18—23; 39, 1—16.)

וְהָיָה בַּיּוֹם הַהוּא בְּיוֹם בּוֹא גוֹג עַל אַדְמַת
יִשְׂרָאֵל נְאֻם אֲדֹנָי יֱהוִֹה תַּעֲלֶה חֲמָתִי בְּאַפִּי :
וּבְקִנְאָתִי בְאֵשׁ־עֶבְרָתִי דִּבַּרְתִּי אִם־לֹא | בַּיּוֹם הַהוּא
יִהְיֶה רַעַשׁ גָּדוֹל עַל אַדְמַת יִשְׂרָאֵל : וְרָעֲשׁוּ מִפָּנַי
דְּגֵי הַיָּם וְעוֹף הַשָּׁמַיִם וְחַיַּת הַשָּׂדֶה וְכָל־הָרֶמֶשׂ
הָרֹמֵשׂ עַל הָאֲדָמָה וְכֹל הָאָדָם אֲשֶׁר עַל־־פְּנֵי
הָאֲדָמָה וְנֶהֶרְסוּ הֶהָרִים וְנָפְלוּ הַמַּדְרֵגוֹת וְכָל־חוֹמָה
לָאָרֶץ תִּפּוֹל

Und am Tage, da der Feind gegen euer Land zieht, wird
der Zorn des Herrn mächtig aufflammen, daß vor dem Feuer
dieses Grimmes das ganze Land erzittert, die Thiere, die Vö-
gel, das Gewürm, die Menschen erbeben, Berge wanken, Höhen
stürzen ein, Mauern fallen in Trümmer und das vernichtende
Schwert zieht Freund gegen Freund; richten wird der Herr
über den Feind mit Blut und Pest, straft ihn und seine Genossen, daß groß und heilig erkannt werde der Herr bei allen
Völkern. Den größten Feind Israels aber, so spricht der Herr,
bethöre Ich und führe ihn gegen die Berge Israels. Da aber
schlage Ich ihm den Bogen aus der Hand, seinen Pfeil aus
der Rechten und fallen soll er mit seinen Truppen und Genossen auf den Hügeln Israels, den wilden Thieren zur Nahrung. Damit mache Ich gekannt meinen Namen unter meinem
Volke und auch die fremden Nationen erkennen, daß Ich der
Heilige Israels bin. So viele der Feinde werden fallen, daß
die Städtebewohner kein Holz im Walde fällen werden, denn
brennen werden sie mit den Waffen, Schilden, Bogen und
Pfeilen der Gefallenen und viele Monde werden vergehen, bis

alle Gelöbteten auch begraben werden und alle Bewohner des
Landes werden an dieser Arbeit theilnehmen, um Mich zu ehren,
— so spricht der Herr.

וְאַנְשֵׁי תָמִיד יַבְדִּילוּ עֹבְרִים בָּאָרֶץ מְקַבְּרִים
אֶת־הָעֹבְרִים אֶת־הַנּוֹתָרִים עַל פְּנֵי הָאָרֶץ לְטַהֲרָהּ
מִקְצֵה שִׁבְעָה־חֳדָשִׁים יַחְקֹרוּ: וְעָבְרוּ הָעֹבְרִים
בָּאָרֶץ וְרָאָה עֶצֶם אָדָם וּבָנָה אֶצְלוֹ צִיּוּן עַד קָבְרוּ
אֹתוֹ הַמְקַבְּרִים אֶל גֵּיא הֲמוֹן גּוֹג: וְגַם שָׁם־־עִיר
הֲמוֹנָה וְטִהֲרוּ הָאָרֶץ:

.

שַׁבָּת רִאשׁוֹן שֶׁל חֲנוּכָה.

(Sacharja 2, 14—17; 3, 1—10; 4, 1—7)

רָנִּי וְשִׂמְחִי בַּת צִיּוֹן כִּי הִנְנִי־בָא וְשָׁכַנְתִּי
בְתוֹכֵךְ נְאֻם יְהֹוָה: וְנִלְווּ גוֹיִם רַבִּים אֶל יְהֹוָה
בַּיּוֹם הַהוּא וְהָיוּ לִי לְעָם וְשָׁכַנְתִּי בְתוֹכֵךְ וְיָדַעַתְּ
כִּי־יְהֹוָה צְבָאוֹת שְׁלָחַנִי אֵלָיִךְ: וְנָחַל יְהֹוָה אֶת־
יְהוּדָה חֶלְקוֹ עַל אַדְמַת הַקֹּדֶשׁ וּבָחַר עוֹד בִּירוּשָׁלָיִם:

Juble und freue dich, du Zionstochter! Denn siehe! Ich
komme und throne in deiner Mitte. Und gar viele Völker
werden an diesem Tage sich Gott anschließen, werden mein Volk
sein, — ~~trotz alledem~~ werde Ich ~~nur~~ in deiner Mitte thronen,
Juda wird ~~wieder~~ Gottes ~~Besitz~~ und Jerusalem seine Stadt
im heiligen Lande sein. Stille ~~wird sein~~ alles Fleisch vor dem
Herrn, ~~so~~ Er in seiner himmlischen Wohnung zum Rechtspruche
ersteht. — Eine Erscheinung überkam mich, den Propheten, und
ich sah den Hohenpriester vor dem Engel Gottes stehend und
an seiner Seite stand auch der Anklageengel. Da sprach der
Herr zum Ankläger: Ich, der Herr, der Jerusalem erwählte,
Ich gebiete dir, Ankläger, inne zu halten! Ist nicht Jerusalem
der einzige vom Feuer gerettete Rest?! — Der Hohepriester
stand aber noch immer in unreiner Gewandung vor dem Engel.
Da sprach der Engel: ~~Entkleidet~~ ihn der Trauerkleider, denn
ich erlöse dich auch ~~so~~ von den Ketten deiner Sünden, und lasse
dir reine Kleider, den reinen Kopfbund anlegen. Es geschah
und der Engel des Herrn stand noch immer vor ihm. Da
redete er den Hohenpriester plötzlich an und sprach: Im Na=
men des Herrn! Wenn du meine Wege wandelst, meinen Bund
beobachtest, in meinem Hause nach Recht und Pflicht waltest,
dann seist du unter die eingereiht, die an meiner Seite stehen.
Höre nochmals, du Hoherpriester, du und deine Freunde, die
Zeugen mögen sein: noch dies eine Mal lasse ich meinen Knecht

emporblühen. Siehe! Der Markstein, der vor dir gelegt ist, der hat sieben Einschnitte und in jedem einzelnen sind eingezeichnet die Worte des Herrn: „An diesem Tage lösche ich aus die Sünden des Landes, und einer ladet den andern ein zum Rasten unter dem eigenen Weinstock, eigenen Oelbaum." -- Nach dieser Erscheinung kam es mir wieder vor, als ob mich derselbe Engel erwecken wollte, wie einen Menschen aus tiefem Schlafe. Und er sprach zu mir: Was siehst du vor dir? Ich antwortete: „Einen goldenen Armleuchter mit einer Schale an der Spitze, mit sieben Lampen und dazu sieben Röhren; daran zwei Oel-bäume, je einen an jeder Seite der Schale." Dann frug ich: „Was bedeutet all dies?" Und ich erhielt zur Antwort: Ver-künde es dem Serubabel, Israels Anführer: Weder Heere, noch Kraft, sondern dies Wahrzeichen meines Tempels, der göttliche Geist allein macht es aus; mit diesem wird der größte Berg vor Serubabel zur Ebene, mit diesem soll er den Grundstein des neuen Tempels legen, daß Heil und Gunst ihm werde!

וַיַּעַן הַמַּלְאָךְ הַדֹּבֵר בִּי וַיֹּאמֶר אֵלַי הֲלוֹא יָדַעְתָּ
מָה־הֵמָּה אֵלֶּה וָאֹמַר לֹא אֲדֹנִי : וַיַּעַן וַיֹּאמֶר אֵלַי
לֵאמֹר זֶה דְּבַר־ יְהוָה אֶל־זְרֻבָּבֶל לֵאמֹר לֹא בְחַיִל
וְלֹא בְכֹחַ כִּי אִם־בְּרוּחִי אָמַר יְהוָה צְבָאוֹת : מִי־
אַתָּה הַר־הַגָּדוֹל לִפְנֵי זְרֻבָּבֶל לְמִישֹׁר וְהוֹצִיא אֶת־
הָאֶבֶן הָרֹאשָׁה תְּשֻׁאוֹת חֵן חֵן לָהּ :

———

שַׁבָּת שֵׁנִי שֶׁל חֲנוּכָּה.

(Könige I. 7, 40—50.)

וַיַּעַשׂ חִירוֹם אֶת־הַכִּיֹּרוֹת וְאֶת־הַיָּעִים וְאֶת־
הַמִּזְרָקוֹת וַיְכַל חִירָם לַעֲשׂוֹת אֶת־כָּל־הַמְּלָאכָה
אֲשֶׁר עָשָׂה לַמֶּלֶךְ שְׁלֹמֹה בֵּית יְהוָֹה: עַמֻּדִים שְׁנַיִם
וְגֻלֹּת הַכֹּתָרֹת אֲשֶׁר־עַל־רֹאשׁ הָעַמּוּדִים שְׁתָּיִם
וְהַשְּׂבָכוֹת שְׁתַּיִם לְכַסּוֹת אֶת־שְׁתֵּי גֻּלֹּת הַכֹּתָרֹת
אֲשֶׁר עַל־רֹאשׁ הָעַמּוּדִים: וְאֶת־הָרִמֹּנִים אַרְבַּע
מֵאוֹת לִשְׁתֵּי הַשְּׂבָכוֹת שְׁתֵּי־טוּרִים רִמֹּנִים לַשְּׂבָכָה
הָאֶחָת לְכַסּוֹת אֶת־שְׁתֵּי גֻּלֹּת הַכֹּתָרֹת אֲשֶׁר עַל־
פְּנֵי הָעַמּוּדִים:

Chiram, der Verbündete Salomos, ließ für den Tempel
zu Jerusalem von seinen Handwerkern alle Becken, Schaufeln
und Schalen verfertigen. Sodann zwei Säulen mit Knäufen
verziert, zum Schmucke der Gitter vierhundert Granatäpfel, Gestelle für die Waschbecken; all diese Geräthe wurden aus Kupfer
bereitet, am Ufer des Jordan wurden sie in Lehmerde gegossen.
— Salomo selbst aber ließ die göttlichen Geräthe: den Altar,
den Tisch, die zehn Leuchter, die Schalen, die Messer, die Löffel,
die Pfannen, die Angeln an den inneren Thüren des Hauses
und zum Allerheiligsten aus gebogenem Golde verfertigen.

וַיַּעַשׂ שְׁלֹמֹה אֵת כָּל־הַכֵּלִים אֲשֶׁר בֵּית יְהוָֹה
אֵת מִזְבַּח הַזָּהָב וְאֶת־הַשֻּׁלְחָן אֲשֶׁר עָלָיו לֶחֶם
הַפָּנִים זָהָב: וְאֶת־הַמְּנֹרוֹת חָמֵשׁ מִיָּמִין וְחָמֵשׁ

מִשְּׂמֹאל לִפְנֵי הַדְּבִיר זָהָב סָגוּר וְהַפֶּרַח וְהַנֵּרֹת
וְהַמֶּלְקָחַיִם זָהָב : וְהַסִּפּוֹת וְהַמְזַמְּרוֹת וְהַמִּזְרָקוֹת
וְהַכַּפּוֹת וְהַמַּחְתּוֹת זָהָב סָגוּר וְהַפּוֹת לַדְּלָתוֹת
הַבַּיִת הַפְּנִימִי לְקֹדֶשׁ הַקֳּדָשִׁים לְדַלְתֵי הַבַּיִת
לַהֵיכָל זָהָב :

שַׁבָּת שְׁקָלִים.

(Könige II. 12, 1—17.)

בֶּן שֶׁבַע שָׁנִים יְהוֹאָשׁ בְּמָלְכוֹ : בִּשְׁנַת־שֶׁבַע
לְיֵהוּא מָלַךְ יְהוֹאָשׁ וְאַרְבָּעִים שָׁנָה מָלַךְ בִּירוּשָׁלַם
וְשֵׁם אִמּוֹ צִבְיָה מִבְּאֵר שָׁבַע : וַיַּעַשׂ יְהוֹאָשׁ הַיָּשָׁר
בְּעֵינֵי יְהוָה כָּל־יָמָיו אֲשֶׁר הוֹרָהוּ יְהוֹיָדָע הַכֹּהֵן :

Der König Joas war unter Anleitung des Hohenpriesters
Jojaba ein gottesfürchtiger Mann geworden. Er befahl den
Priestern, daß sie alle Geldspenden zur Ausbesserung des Tem=
pels verwenden sollen. Als er aber sah, daß diese es nicht
thaten, da ließ er eine Lade in die Tempelwand einmauern,
versah die Lade mit einer Oeffnung, wohin die Spender das
Geld hineinwarfen und zur Zeit, da die Lade voll war, nahm der
König selbst in Anwesenheit des Hohenpriesters das Geld heraus
und ließ den Tempel und seine schadhaften Theile ausbessern,
Rechenschaft aber wurde von den Aufsehern nicht abgefordert,
denn es waren treue gottesfürchtige Männer.

כִּי לְעֹשֵׂי הַמְּלָאכָה יִתְּנֻהוּ וְחִזְּקוּ בוֹ אֶת־בֵּית
יְהוָה : וְלֹא יְחַשְּׁבוּ אֶת־הָאֲנָשִׁים אֲשֶׁר יִתְּנוּ אֶת־
הַכֶּסֶף עַל־יָדָם לָתֵת לְעֹשֵׂי הַמְּלָאכָה כִּי בֶאֱמֻנָה
הֵם עֹשִׂים : כֶּסֶף אָשָׁם וְכֶסֶף חַטָּאוֹת לֹא יוּבָא
בֵּית יְהוָה לַכֹּהֲנִים יִהְיוּ :

שַׁבַּת זָכוֹר.

(Samuel I. 15, 1.–34.)

וַיֹּאמֶר שְׁמוּאֵל אֶל־שָׁאוּל אֹתִי שָׁלַח יְהֹוָה
לִמְשָׁחֲךָ לְמֶלֶךְ עַל־עַמּוֹ עַל־ יִשְׂרָאֵל וְעַתָּה שְׁמַע
לְקוֹל דִּבְרֵי יְהֹוָה: כֹּה אָמַר יְהֹוָה צְבָאוֹת פָּקַדְתִּי
אֵת אֲשֶׁר־עָשָׂה עֲמָלֵק לְיִשְׂרָאֵל אֲשֶׁר־שָׂם לוֹ בַּדֶּרֶךְ
בַּעֲלֹתוֹ מִמִּצְרָיִם: עַתָּה לֵךְ וְהִכִּיתָה אֶת־עֲמָלֵק
וְהַחֲרַמְתֶּם אֶת־כָּל־אֲשֶׁר־לוֹ וְלֹא תַחְמֹל עָלָיו
וְהֵמַתָּה מֵאִישׁ עַד אִשָּׁה עַד מֵעוֹלֵל וְעַד־יוֹנֵק מִשּׁוֹר
וְעַד־שֶׂה מִגָּמָל וְעַד־חֲמוֹר:

Der Prophet Samuel sprach zum König Saul: „Es
gedenkt der Herr des Krieges, den Amalek gegen das uner=
fahrene Israel mit Hinterlist führte, als es aus Egypten zog.
Darum mache dich auf und führe den Rachekrieg gegen Amalek,
rotte sein Volk ganz aus, Menschen, wie Thiere. Saul that
dem Befehle gemäß, versammelte seine Krieger und vernichtete
Amalek, rottete Alles aus, nur den König nahm er lebend ge=
fangen und die besseren Thiere überließ er seinen Kriegern.
Heimgekehrt, ging ihm Samuel entgegen und frug ihn: „Hast
du den Befehl Gottes erfüllt?" Saul antwortete: „Ich that,
wie du gesprochen." „Doch höre ich den Lärm von Thieren,"
sprach wieder Samuel. „Die bestimmte das Volk, als Opfer
für den Herrn und tödtete sie nicht; so brachte ich auch den
König lebend mit mir." Da ergrimmte Samuel und sprach: „Er=
füllst du so das Wort des Herrn, Der dich zum Fürsten über
Israel einsetzte? Ist etwa dem Herrn ein Opfer werthvoller
als Gehorchen? Widerspenstigkeit ist Gott gleich Zauberei!
Hast du den Herrn verachtet, so verachtet Er dich weiter Kö=
nig zu sein!" Da sprach Saul: „Verzeihe, wenn ich gesündigt

habe, ich beugte mich nur auch vor dem Willen des Volkes, komm' mit mir, vor Gott zu beten!" Samuel aber wendete sich ab und wollte sich entfernen; da faßte Saul den Mantel des Propheten und zerriß ihn. „So zerreißt der Herr dies Königreich und wird es einem Andern verleihen." Da erwiderte Saul: „Habe ich auch gesündigt, so ehre doch in mir den Kö= nig hier vor den Aeltesten, beschäme mich doch nicht!" Samuel gab nach und opferte mit dem König vor dem Herrn.

וַיֹּאמֶר שְׁמוּאֵל הַגִּישׁוּ אֵלַי אֶת־אֲגַג מֶלֶךְ
עֲמָלֵק וַיֵּלֶךְ אֵלָיו אֲגַג מַעֲדַנֹּת וַיֹּאמֶר אֲגַג אָכֵן סָר
מַר־הַמָּוֶת: וַיֹּאמֶר שְׁמוּאֵל כַּאֲשֶׁר שִׁכְּלָה נָשִׁים
חַרְבֶּךָ כֵּן־תִּשְׁכַּל מִנָּשִׁים אִמֶּךָ וַיְשַׁסֵּף שְׁמוּאֵל
אֶת־אֲגָג לִפְנֵי יְהוָה בַּגִּלְגָּל: וַיֵּלֶךְ שְׁמוּאֵל הָרָמָתָה
וְשָׁאוּל עָלָה אֶל־בֵּיתוֹ גִּבְעַת שָׁאוּל:

שַׁבָּת פָּרָה.

(Ezechiel 36, 16—38.)

וַיְהִי דְבַר־יְהוָֹה אֵלַי לֵאמֹר: בֶּן־אָדָם בֵּית
יִשְׂרָאֵל יֹשְׁבִים עַל־אַדְמָתָם וַיְטַמְּאוּ אוֹתָהּ בְּדַרְכָּם
וּבַעֲלִילוֹתָם כְּטֻמְאַת הַנִּדָּה הָיְתָה דַרְכָּם לְפָנָי:
וָאֶשְׁפֹּךְ חֲמָתִי עֲלֵיהֶם עַל־הַדָּם אֲשֶׁר שָׁפְכוּ עַל־
הָאָרֶץ וּבְגִלּוּלֵיהֶם טִמְּאוּהָ:

Das Wort Gottes erging an den Propheten Ezechiel:
Verkünde den Kindern Israel: Nachdem Ich sie ob ihrer vielen
Sünden, ihres Götzendienstes (und Blutvergießens) zornig, unter
die Völker zerstreut habe und sie auch da meinen Namen ent=
weihten, indem die Feinde höhnend riefen: „Das ist das Volk,
das sein Gott aus Egypten geführt," will Ich meines Namens
und des Volkes Mich wieder erbarmen, will es wieder ver=
sammeln aus allen Ländern, es in das heilige Land wieder
führen, will es reinigen von allen Missethaten, will euch das
harte Herz entreißen und euch neuen Geist, ein neues, fühlen=
des Herz einsetzen, daß ihr nach meinen Gesetzen wandelt, meine
Rechte beobachtet und in diesem Lande, das Ich eueren Vätern
verheißen, für immer wohnet. Ich werde Segen dem Lande
spenden, es mehre sich die Frucht des Baumes und des Feldes,
Hungersnoth herrsche nimmer darin, daß die Völker euer nicht
mehr spotten. Ihr aber werdet mit (Ekel und) Abscheu euerer
Gräuelthaten gedenken. Doch all' dies thue Ich nicht euch zu
Liebe, denn ihr verdienet schon Schande und Hohn. — Am
Tage aber, da Ich euch reinige, werden die Trümmer erbaut,
die Städte wieder bewohnt, der Boden bearbeitet, die Vorüber=
ziehenden sollen nicht wüste Felder vor sich sehen, sondern
sprechen: „Wie ist doch dies veröbete Land zu einem Paradiese
umgewandelt, die zerstörten Städte zu Festungen!" und er=

kennen werden alle Völker, daß Ich der Herr es gethan habe; was Ich versprochen, übte Ich auch aus. Israel aber vermehre Ich, daß seine Zahl immer größer werde.

וְיָדְעוּ הַגּוֹיִם אֲשֶׁר יִשָּׁאֲרוּ סְבִיבוֹתֵיכֶם כִּי אֲנִי יְהוָה בָּנִיתִי הַנֶּהֱרָסוֹת נָטַעְתִּי הַנְּשַׁמָּה אֲנִי יְהוָה דִּבַּרְתִּי וְעָשִׂיתִי: כֹּה אָמַר אֲדֹנָי יְהוָה עוֹד זֹאת אִדָּרֵשׁ לְבֵית־יִשְׂרָאֵל לַעֲשׂוֹת לָהֶם אַרְבֶּה אֹתָם כַּצֹּאן אָדָם: כְּצֹאן קָדָשִׁים כְּצֹאן יְרוּשָׁלַ͏ִם בְּמוֹעֲדֶיהָ כֵּן תִּהְיֶינָה הֶעָרִים הֶחֳרֵבוֹת מְלֵאוֹת צֹאן אָדָם וְיָדְעוּ כִּי־ אֲנִי יְהוָֹה:

שַׁבַּת הַחֹדֶשׁ.

(Ezechiel 45, 16—25; 46, 1—18.)

כֹּל הָעָם הָאָרֶץ יִהְיוּ אֶל־־הַתְּרוּמָה הַזֹּאת
לַנָּשִׂיא בְּיִשְׂרָאֵל׃ וְעַל־־הַנָּשִׂיא יִהְיֶה הָעוֹלוֹת
וְהַמִּנְחָה וְהַנֶּסֶךְ בַּחַגִּים וּבֶחֳדָשִׁים וּבַשַּׁבָּתוֹת בְּכָל־
מוֹעֲדֵי בֵּית יִשְׂרָאֵל הוּא־יַעֲשֶׂה אֶת־־הַחַטָּאת
וְאֶת־הַמִּנְחָה וְאֶת־הָעוֹלָה וְאֶת־הַשְּׁלָמִים לְכַפֵּר
בְּעַד בֵּית־יִשְׂרָאֵל׃ כֹּה אָמַר אֲדֹנָי יֱהוִֹה בָּרִאשׁוֹן
בְּאֶחָד לַחֹדֶשׁ תִּקַּח פַּר־בֶּן־בָּקָר תָּמִים וְחִטֵּאתָ
אֶת־־הַמִּקְדָּשׁ׃

d. ganzen Volke d. Landes gebe d. Hebe dem Fürsten.
d. Fürst [illegible]

An allen Festen, Neumonden und Sabbathen, an allen Feiertagen Israels haben die Fürsten alle Opfer zu bringen zur Sühne für ganz Israel. — Am ersten und siebenten Tage des ersten Monates werde das Sündopfer gebracht und sein Blut an die Pfosten des Tempels gesprengt. Am vierzehnten Tage dieses Monates ist das Pesachfest, an dem sieben Tage hindurch nur Ungesäuertes gegessen werde, Sünd- und Ganzopfer sollen dargebracht werden an diesem Feste. — Das innere Thor des Tempels sei nur an Festen geöffnet; durch dieses tritt der Fürst vor die Priester und überreicht ihnen das Opfer, auch das Landvolk komme dorthin und bete da zu dem Herrn; einen gemeinsamen Eingang und auch denselben Ausgang haben beide, sowohl das Volk, wie auch der Fürst. Beschenkt ein Fürst eines seiner Kinder, so gehöre das Geschenk ihm, beschenkt er einen seiner Diener, so gehöre es ihm bis zum Jobeljahre, doch hüte sich ein jeder Fürst, das Volk an seinem Besitze berauben zu wollen, denn das Volk darf nicht aus seinem Erbgute vertrieben werden.

כֹּה־אָמַר אֲדֹנָי יֱהוִֹה כִּי־יִתֵּן הַנָּשִׂיא מַתָּנָה
לְאִישׁ מִבָּנָיו נַחֲלָתוֹ הִיא לְבָנָיו תִּהְיֶה אֲחֻזָּתָם הִיא
בְּנַחֲלָה: וְכִי־יִתֵּן מַתָּנָה מִנַּחֲלָתוֹ לְאַחַד מֵעֲבָדָיו
וְהָיְתָה לּוֹ עַד־שְׁנַת הַדְּרוֹר וְשָׁבַת לַנָּשִׂיא אַךְ
נַחֲלָתוֹ בָּנָיו לָהֶם תִּהְיֶה: וְלֹא יִקַּח הַנָּשִׂיא מִנַּחֲלַת
הָעָם לְהוֹנֹתָם מֵאֲחֻזָּתָם מֵאֲחֻזָּתוֹ יַנְחִל אֶת־בָּנָיו
לְמַעַן אֲשֶׁר לֹא־יָפֻצוּ עַמִּי אִישׁ מֵאֲחֻזָּתוֹ

———————

שַׁבַּת הַגָּדוֹל.

(Maleachi 3, 4—24.)

וְעָרְבָה לַיהוָֹה מִנְחַת יְהוּדָה וִירוּשָׁלָ͏ִם כִּימֵי
עוֹלָם וּכְשָׁנִים קַדְמֹנִיּוֹת: וְקָרַבְתִּי אֲלֵיכֶם לַמִּשְׁפָּט
וְהָיִיתִי ׀ עֵד מְמַהֵר בַּמְכַשְּׁפִים וּבַמְנָאֲפִים וּבַנִּשְׁבָּעִים
לַשֶּׁקֶר וּבְעֹשְׁקֵי שְׂכַר־שָׂכִיר אַלְמָנָה וְיָתוֹם וּמַטֵּי־
גֵר וְלֹא יְרֵאוּנִי אָמַר יְהוָֹה צְבָאוֹת: כִּי אֲנִי יְהוָֹה
לֹא שָׁנִיתִי וְאַתֶּם בְּנֵי־יַעֲקֹב לֹא כְלִיתֶם:

Es wird eine Zeit kommen, wo Judas und Jerusalems
Opfer dem Herrn so angenehm werden, wie in vergangenen Tagen.
Doch erst, nachdem Ich zum Urtheile hintrete und selbst Zeug-
niß ablege gegen eure Zauberer, gegen die Meineidigen, gegen
die Bedrücker von Wittwen und Waisen, die alle Mich nicht
fürchten. Denn Ich, der Herr, bin nicht umgewandelt und ihr
habet noch immer nicht aufgehört. Seit uralten Zeiten weichet
ihr ab von meinen Gesetzen, gehorchtet nicht als Ich Rückkehr
von euch forderte, sondern sprachet: „Wie sollen wir uns denn
bessern?" Was wollet ihr denn Mich, eueren Herrn, berücken?
Ihr aber sprachet: „Womit berücken wir denn Dich?" Nun
denn! Mit dem Zehnt und der Hebe! Verflucht seid ihr schon
und doch wollt ihr Mich berücken. Brächtet ihr aber den Zehnt
in den Tempel, daß seine Diener genügenden Vorrath hätten,
dann käme auch Segen im Ueberfluß, dann würde die Frucht
des Ackers, des Weinstockes nicht verderben, preisen würden
euch die Völker, daß euer Land von dem Herrn so geliebt
werde. Statt dessen erdreistet ihr euch noch zu fragen: „Haben
wir Dich vielleicht beredet?" Gewiß! Ihr sprachet: „Schade
dem Herrn zu dienen, welchen Gewinnst bringt es denn, seine
Gebote zu beobachten und zerknirscht vor Ihm einhergehen?
Preisen wir doch glücklich die Frevelnden, die Sünder richten

ſich empor, verſuchen ſie auch Gott, es ereilt ſie doch keine
Strafe!" — Doch auch die Gottesfürchtigen beſprechen ſich
und auch dies hört der Herr und gedenkt derer, die ſeinen
Namen auch weiter achten, ſie erwählt Er Sich, erbarmt Sich
ihrer, wie der Vater des treuen Sohnes. Dann werdet ihr
den Unterſchied ſehen zwiſchen dem Frommen und dem Gott=
loſen: am Tage des Gerichtes werden die Frevler und Miſſe=
thäter wie Stoppeln brennen, daß weder Wurzel, noch Zweig von
ihnen übrig bleibt. Den Gottesfürchtigen aber wird die Sonne des
Rechtes ſcheinen, wird ſie heilen und fröhlich ſtimmen, daß ſie
niedertreten die Böſewichte zu Staub unter ihren Füßen an
dem Tage des Gerichtes. Darum gedenket der Lehren meines
Knechtes Moſche, dem Ich am Sinai Geſetze gab für Jſrael,
dann ſchicke Ich auch den Propheten Elia vor dem großen,
furchtbaren Tage des letzten Gottesgerichtes, daß er das Herz
der Väter den Kindern, das Herz der Kinder den Vätern zu=
führe, damit nicht die ganze Erde vernichtet werde.

זִכְרוּ תּוֹרַת מֹשֶׁה עַבְדִּי אֲשֶׁר צִוִּיתִי אוֹתוֹ
בְחֹרֵב עַל־כָּל־יִשְׂרָאֵל חֻקִּים וּמִשְׁפָּטִים : הִנֵּה
אָנֹכִי שֹׁלֵחַ לָכֶם אֵת אֵלִיָּהוּ הַנָּבִיא לִפְנֵי בּוֹא
יוֹם יְהֹוָה הַגָּדוֹל וְהַנּוֹרָא : וְהֵשִׁיב לֵב־אָבוֹת עַל־
בָּנִים וְלֵב בָּנִים עַל־אֲבוֹתָם פֶּן־אָבוֹא וְהִכֵּיתִי
אֶת־הָאָרֶץ חֵרֶם

שַׁבַּת חוֹל־הַמּוֹעֵד שֶׁל פֶּסַח.

(Ezechiel 37, 1—14.)

הָיְתָה עָלַי יַד יְהֹוָה וַיּוֹצִיאֵנִי בְרוּחַ יְהֹוָה
וַיְנִיחֵנִי בְּתוֹךְ הַבִּקְעָה וְהִיא מְלֵאָה עֲצָמוֹת :
וְהֶעֱבִירַנִי עֲלֵיהֶם סָבִיב | סָבִיב וְהִנֵּה רַבּוֹת מְאֹד
עַל־פְּנֵי הַבִּקְעָה וְהִנֵּה יְבֵשׁוֹת מְאֹד : וַיֹּאמֶר אֵלַי
בֶּן־אָדָם הֲתִחְיֶינָה הָעֲצָמוֹת הָאֵלֶּה וָאֹמַר אֲדֹנָי
יְהֹוִה אַתָּה יָדָעְתָּ :

Der göttliche Geist führte mich hinaus in die Ebene und
siehe, sie war voll menschlicher Gebeine, und der Geist führte
mich herum und ich sah, daß Alles schon verdorrt war. Da
sprach der Geist zu mir: Erdensohn, können diese Gebeine noch
Leben erhalten? Ich antwortete: „Du, o Herr! weißt es allein."
Da kam mir der Befehl: Rede zu diesen vermoderten Gebeinen,
sage ihnen, daß der Herr euch zu neuem Leben erweckt, euch
mit Sehnen, Fleisch überwachsen läßt und euch Odem einhaucht.
Kaum sprach ich diese Worte, siehe! da entstand ein Geräusch,
ein Erbeben und Glied reihte sich an Glied, doch war noch
kein Geist, kein Odem in den Körpern. Da ließ mich mein
Geist rufen, daß der Wind von allen Seiten komme, die Getödteten anwehe, daß sie leben. Als ich es that, da standen sie
auch schon Alle auf ihren Füßen und es war eine große, große
Menge. Da rief mir mein Geist zu: Menschensohn! Diese
verdorrten Gebeine sind Israel, das verzweifelnd spricht: „Mein
Ende ist beschlossen, verloren jede Hoffnung!" Darum sie tröstend,
verkünde ihnen: Der Herr öffnet euere Gräber, läßt euch aus
ihnen heraussteigen, und bringt euch in das Land wieder zurück, daß ihr erkennet, daß Gott all dies vollbracht hat: euere
Gräber geöffnet, euch zu neuem Leben erweckt und euch in die
Heimat zurückgebracht hat; was Er verheißen, hat Er auch
erfüllt.

לָכֵן הִנָּבֵא וְאָמַרְתָּ אֲלֵיהֶם כֹּה־אָמַר אֲדֹנָי
יֱהֹוִה הִנֵּה אֲנִי פֹתֵחַ אֶת־קִבְרוֹתֵיכֶם וְהַעֲלֵיתִי אֶתְכֶם
מִקִּבְרוֹתֵיכֶם עַמִּי וְהֵבֵאתִי אֶתְכֶם אֶל־אַדְמַת יִשְׂרָאֵל :
וִידַעְתֶּם כִּי־אֲנִי יְהֹוָה בְּפִתְחִי אֶת־קִבְרוֹתֵיכֶם
וּבְהַעֲלוֹתִי אֶתְכֶם מִקִּבְרוֹתֵיכֶם עַמִּי : וְנָתַתִּי רוּחִי
בָכֶם וִחְיִיתֶם וְהִנַּחְתִּי אֶתְכֶם עַל־אַדְמַתְכֶם וִידַעְתֶּם
כִּי אֲנִי יְהֹוָה דִּבַּרְתִּי וְעָשִׂיתִי נְאֻם־יְהֹוָה :

שַׁבָּת וְרֹאשׁ חֹדֶשׁ.

כֹּה אָמַר יְהֹוָה הַשָּׁמַיִם כִּסְאִי וְהָאָרֶץ הֲדֹם
רַגְלַי אֵי־זֶה בַיִת אֲשֶׁר תִּבְנוּ־לִי וְאֵי־זֶה מָקוֹם
מְנוּחָתִי: וְאֶת־כָּל־אֵלֶּה יָדִי עָשָׂתָה וַיִּהְיוּ כָל־אֵלֶּה
נְאֻם־יְהֹוָה וְאֶל־זֶה אַבִּיט אֶל־עָנִי וּנְכֵה־רוּחַ וְחָרֵד
עַל־דְּבָרִי: שׁוֹחֵט הַשּׁוֹר מַכֵּה־אִישׁ זוֹבֵחַ הַשֶּׂה
עֹרֵף כֶּלֶב מַעֲלֵה מִנְחָה דַּם־חֲזִיר מַזְכִּיר לְבֹנָה
מְבָרֵךְ אָוֶן גַּם־הֵמָּה בָּחֲרוּ בְּדַרְכֵיהֶם וּבְשִׁקּוּצֵיהֶם
נַפְשָׁם חָפֵצָה:

So spricht der Herr: Der Himmel ist mein Thron, die Erde der Schemel meiner Füße; wo ist ein Haus, das ihr für Mich erbauen konntet, wo Ich ruhen sollte, Ich, der all dies geschaffen, all dies werden ließ? Ich blicke gnädig nur auf den Armen, der gebeugten Gemüthes vor meinem Worte zittert, nicht aber auf Leute, die Opfer bringen, dann einen Menschen erschlagen, Geschenke auf den Altar legen, dann aber freveln. So wie diese ihre Wege sich erwählten, an ihren Scheusalen hängen, so wähle Ich wieder das, wovor sie fürchten und Abscheu finden, weil Ich gerufen, gesprochen, doch Keiner hörte auf Mich, Mir keine Antwort gab, sondern das weiter übte, was Mir mißfällt. — Höret ihr Gottesfürchtigen die Worte des Herrn: Euere Brüder, die euch hassen, verstoßen und höhnend sprechen: „Möge sich doch euer Gott selbst verherrlichen! Daß wir schon euere große Freude sehen“ — sie sollen zu Schande werden! Des Herrn Stimme erschallt aus der Stadt, aus dem Tempel, bringt Vergeltung auf die Häupter seiner Feinde. Kann Etwas werden ohne Vorbereitung? Ersteht eine Nation mit einem Male? Oder verspreche Ich, ohne mein Wort zu halten?

(Wahrlich! Es wird eine Zeit kommen, da die Freunde Jerusalems noch jubeln werden, nicht wie heute sie beweinen. Denn
Ich führe ihr zu Strömen den Frieden zu, die Ehre der Nationen, mit dem Troste einer Mutter tröste Ich euch über Jerusalems Schicksal, ihr werdet euch noch ihrer erfreuen, ihr
werdet noch aufblühen, Gottes Liebe an euch, seinen Grimm,
an den Feinden kennen lernen. Wie im Sturme kommt der
Herr in seinem Zorne einhergezogen und fallen werden Alle,
die sich verunreinigten, des Herrn Gebote nicht erfüllten, untergehen werden ihre Werke, ihre Gedanken; sie sollen meine
Zeichen sein: unter die Völker flüchtend verfünden sie meine
Herrlichkeit dort, wohin die Kunde von Mir noch nicht gedrungen, daß sich alle Zungen versammeln, meine Herrlichkeit
zu sehen. Dann werden alle Völker Mir Opfer bringen, wie
es einst Israel allein gethan, und auch sie sollen Mir Priester
sein dürfen, doch Israels Ruhm wird bestehen, wie Sonne und
Mond, die Ich geschaffen. Jeden Sabbath und Festtag kommen
alle Völker, vor Mir zu beten, werden hinausgehen und schauen
die Leichen derer, die sich gegen Mich versündigten, zur ewigen
Erinnerung an ihre Sünden.

כִּי כַאֲשֶׁר הַשָּׁמַיִם הַחֲדָשִׁים וְהָאָרֶץ הַחֲדָשָׁה
אֲשֶׁר אֲנִי עֹשֶׂה עֹמְדִים לְפָנַי נְאֻם־יְהֹוָה כֵּן יַעֲמֹד
זַרְעֲכֶם וְשִׁמְכֶם: וְהָיָה מִדֵּי־חֹדֶשׁ בְּחָדְשׁוֹ וּמִדֵּי
שַׁבָּת בְּשַׁבַּתּוֹ יָבוֹא כָל־בָּשָׂר לְהִשְׁתַּחֲוֹת לְפָנַי
אָמַר יְהֹוָה: וְיָצְאוּ וְרָאוּ בְּפִגְרֵי הָאֲנָשִׁים הַפֹּשְׁעִים
בִּי כִּי תוֹלַעְתָּם לֹא תָמוּת וְאִשָּׁם לֹא תִכְבֶּה וְהָיוּ
דֵרָאוֹן לְכָל־בָּשָׂר:

שַׁבָּת וּמָחָר חֹדֶשׁ.

(Samuel I. 20, 18—42.)

וַיֹּאמֶר־לוֹ יְהוֹנָתָן מָחָר חֹדֶשׁ וְנִפְקַדְתָּ כִּי יִפָּקֵד
מוֹשָׁבֶךָ: וְשִׁלַּשְׁתָּ תֵּרֵד מְאֹד וּבָאתָ אֶל־הַמָּקוֹם
אֲשֶׁר־נִסְתַּרְתָּ שָׁם בְּיוֹם הַמַּעֲשֶׂה וְיָשַׁבְתָּ אֵצֶל
הָאֶבֶן הָאָזֶל: וַאֲנִי שְׁלֹשֶׁת הַחִצִּים צִדָּה אוֹרֶה
לְשַׁלַּח־לִי לְמַטָּרָה:

Jonathan, der Sohn des Königs Saul, sprach zu seinem
Freunde David: „Um zu wissen, ob der König dir nach dem
Leben trachte, geschehe Folgendes: Morgen ist Neumond, du
aber fehlst an der königlichen Tafel alle drei Tage und am
dritten Tage verbirgst du dich auf diesem Felde unter jenem
Stein. Ich komme heran, um mit den Pfeilen zu schießen und
lasse sie dann durch den Knaben wieder holen. Rufe ich nun
dem Knaben zu: Weiter sind die Pfeile!“ dann mußt du
flüchten, weil aber: „Sie liegen herwärts!“ dann wisse, unge-
fährdet ist dein Leben. So geschah es. Am ersten Tage be-
merkte der König nichts über die Abwesenheit Davids, doch am
zweiten fragte er nach ihm. Da antwortete Jonathan: „Er nahm
Urlaub von mir, um einer Familienfeier in seiner Heimat
beizuwohnen.“ Erzürnt sprach der König: „Du widerspenstiger
Sohn! Du liebst mehr David als dein eigenes Haus! So
lange David lebt, sind wir der Krone nicht sicher, bringe ihn
mir, daß ich ihn töbte!“ Da erwiderte Jonathan: „Was that er
denn, um den Tod verdient zu haben?!“ Da warf der König
in seinem Grimme den Spieß nach seinem Sohne, dieser aber
sprang rasch auf und entfernte sich. Er ging mit seinem Knaben
aufs Feld zur angegebenen Zeit, schoß die Pfeile los und rief
dem Knaben zu: „Die Pfeile liegen weiter von dir.“ Dann
hieß er seinen Knaben mit den aufgelesenen Pfeilen nach
Hause gehen. David aber erhob sich hinter dem Steine und

weinend umarmten sich die beiden Freunde. Und Jonathan
sprach: „Gehe in Frieden! Möge der Bund, den wir uns
zugeschworen, bestehe.: keine Feindschaft entzweie uns, noch
unsere Nachkommen."

וַיִּתֵּן יְהוֹנָתָן אֶת־כֵּלָיו אֶל־הַנַּעַר אֲשֶׁר־לוֹ
וַיֹּאמֶר לוֹ לֵךְ הָבֵיא הָעִיר: הַנַּעַר בָּא וְדָוִד קָם
מֵאֵצֶל הַנֶּגֶב וַיִּפֹּל לְאַפָּיו אַרְצָה וַיִּשְׁתַּחוּ שָׁלֹשׁ
פְּעָמִים וַיִּשְּׁקוּ ׀ אִישׁ אֶת־רֵעֵהוּ וַיִּבְכּוּ אִישׁ אֶת־
רֵעֵהוּ עַד־דָּוִד הִגְדִּיל: וַיֹּאמֶר יְהוֹנָתָן לְדָוִד לֵךְ
לְשָׁלוֹם אֲשֶׁר נִשְׁבַּעְנוּ שְׁנֵינוּ אֲנַחְנוּ בְּשֵׁם יְהֹוָה
לֵאמֹר יְהֹוָה יִהְיֶה ׀ בֵּינִי וּבֵינֶךָ וּבֵין זַרְעִי וּבֵין
זַרְעֲךָ עַד־עוֹלָם:

Was wir beide geschworen haben im Namen des
Herrn also: der Herr wird sein zwischen mir und
dir und zwischen meinen Nachkommen u. deinen
Nachkommen ewig. Das bleibe bestehen. —

Die Haphtaroth
der Feiertage.

יוֹם רִאשׁוֹן שֶׁל רֹאשׁ הַשָּׁנָה

(Samuel I. 1, 1—28 : 2, 1—10.)

וַיְהִי אִישׁ אֶחָד מִן־הָרָמָתַיִם צוֹפִים מֵהַר
אֶפְרַיִם וּשְׁמוֹ אֶלְקָנָה בֶּן־יְרֹחָם בֶּן־אֱלִיהוּא בֶּן־
תֹּחוּ בֶן־צוּף אֶפְרָתִי : וְלוֹ שְׁתֵּי נָשִׁים שֵׁם אַחַת
חַנָּה וְשֵׁם הַשֵּׁנִית פְּנִנָּה וַיְהִי לִפְנִנָּה יְלָדִים וּלְחַנָּה
אֵין יְלָדִים : וְעָלָה הָאִישׁ הַהוּא מֵעִירוֹ מִיָּמִים יָמִימָה
לְהִשְׁתַּחֲוֹת וְלִזְבֹּחַ לַיהוָה צְבָאוֹת בְּשִׁלֹה וְשָׁם שְׁנֵי
בְנֵי־עֵלִי חָפְנִי וּפִנְחָס כֹּהֲנִים לַיהוָה :

Einst lebte im Gebirge Efraim ein Mann, namens El=
kana, deffen Frau hieß Channa und er liebte fie aus innigftem
Herzen. Diefe Frau war kinderlos und von Jahr zu Jahr zog
fie hinauf mit ihrem Manne zum Tempel in Schilo und flehte
da zum Herrn, daß er ihr gnädig fei. — So war es auch an
einem Fefte, an dem Elkana im Tempel opferte, da ging wie=
der feine Frau und flehte zu Gott. Im Raume war Keiner,
außer dem alten Hohenpriefter Eli, der, als er die Frau fo
ftill vor fich murmeln fah, diefelbe für trunken hielt und ihr
zurief : „Was thuft du denn hier ? Schlafe deinen Raufch aus !"
Betrübt antwortete die Frau : „Nicht trunken bin ich, mein
Wehe führt mich zum Herrn!" Und fie erzählte ihr Leib dem
alten Hohenpriefter. Diefer fprach darauf gerührt : „Zieh' hin
in Frieden, der Herr möge dein Gebet erhören!" Sie aber
gelobte, den erften Sohn, den ihr Gott fchenke, dem Tempel=
dienfte zu weihen. — Und der Herr erhörte fie ; fie hatte einen
Knaben, den nannte fie Samuel und widmete ihn dem Herrn.
Und Channa fprach folgendes Dankgebet : „Es jauchzt mein
Herz mit Gott, denn Er erhob mich, erfreute mich mit feiner
Gnade. Außer Ihm gibt es keinen Heiligen, keinen Schutzfels

außer Ihm. Es brüfte sich nicht der Menſch, ſei nicht dünkel=
haft, denn die Zukunft kennt nur Gott, nur vor Ihm offen=
baren sich alle Handlungen des Menſchen. Brechen kann der
Helden Pfeil, es gewinnen Kraft, die einſt ſtrauchelten, Satte
arbeiten um Brot und Hungrige haben Ueberfluß, die Kinder=
loſe wird begnadet und es kann die Mutter auch all' ihre
Kinder verlieren, denn der Herr töbtet und belebt, ſenkt in die
Gruft und erhebt, Er macht reich oder arm, niedrig und an=
geſehen, erhebt den Dürftigen Fürſten gleich, denn Ihm ge=
hört die Welt. Der Herr beſchützt den Weg der Frommen, die
Frevler ſchwinden in der Finſterniß, denn nicht die Kraft des
Körpers macht den Helden. Wer dem Herrn feind, den bedräut
ſchon der Weltenrichter, doch ſeinem Geſalbten verleiht er Macht
und erhöht ihn."

מֵקִים מֵעָפָר דָּל מֵאַשְׁפֹּת יָרִים אֶבְיוֹן לְהוֹשִׁיב
עִם־נְדִיבִים וְכִסֵּא כָבוֹד יַנְחִלֵם כִּי לַיהֹוָה מְצֻקֵי
אֶרֶץ וַיָּשֶׁת עֲלֵיהֶם תֵּבֵל׃ רַגְלֵי חֲסִידָיו יִשְׁמֹר
וּרְשָׁעִים בַּחֹשֶׁךְ יִדָּמּוּ כִּי־לֹא בְכֹחַ יִגְבַּר־אִישׁ׃
יְהֹוָה יֵחַתּוּ מְרִיבָו עָלָיו בַּשָּׁמַיִם יַרְעֵם יְהֹוָה יָדִין
אַפְסֵי־אָרֶץ וְיִתֶּן עֹז לְמַלְכּוֹ וְיָרֵם קֶרֶן מְשִׁיחוֹ׃

יוֹם שֵׁנִי שֶׁל רֹאשׁ הַשָּׁנָה

(Jeremia 31, 1—20.)

כֹּה אָמַר יְהוָֹה מָצָא חֵן בַּמִּדְבָּר עַם שְׂרִידֵי
חָרֶב הָלוֹךְ לְהַרְגִּיעוֹ יִשְׂרָאֵל: מֵרָחוֹק יְהוָֹה נִרְאָה
לִי וְאַהֲבַת עוֹלָם אֲהַבְתִּיךְ עַל־כֵּן מְשַׁכְתִּיךְ חָסֶד:
עוֹד אֶבְנֵךְ וְנִבְנֵית בְּתוּלַת יִשְׂרָאֵל עוֹד תַּעְדִּי תֻפַּיִךְ
וְיָצָאת בִּמְחוֹל מְשַׂחֲקִים:

So spricht der Herr zu Israel, zu dem Volke, das der
Vernichtung entronnen, Zuflucht suchend, in der Wüste seine
Gunst empfing: Wohl klagst du, daß Ich dir ferne stehe, doch
liebe Ich dich mit nie wankender Liebe, darum zeige Ich dir
auch meine Huld: Hocherbaut wirst du noch dastehen, geschmückt
und frohgesinnt, wirst wieder Weinstöcke pflanzen, wo einst
Winzer jubelnd pflanzten, kommen wird der Tag, wo die Bewohner Efraims rufen werden: „Lasset uns gen Zion, zu
unserem Gotte ziehen." Jauchzet darum und jubelt Jakob entgegen, verkündet, daß der Herr dem Rest des Volkes helfen
wird. Er versammelt sie von allen Enden der Erde, daß sie
hieher zurückkehren, thränend und betend werden sie kommen,
doch auf rechtem Wege führt sie der Herr, ihr Allvater. So
verkündet es auch den Völkern, daß der Herr seine Zerstreuten
wieder auflesen wird, sie bewacht, wie der Hirte die Heerde,
freuen wird sich wieder Israel am Berge Zion, eilen zum
Segen des Landes, sie werden sein gleich einem bewässerten
Garten, kein Schmerz ereilt sie mehr, es verwandelt der Herr
ihre Trauer in Freude, ihren Kummer in Lust und tröstet sie
und auch die Priester werden zufrieden seinen Segen genießen.
— Hat auch einst Rachel ihre unglücklichen Kinder selbst im
Grabe bitter beweint und beklagt, ohne Trost empfangen zu wollen,
jetzt soll sie nicht mehr sie bejammern, denn glücklich kehren ihre

Söhne in ihr Land zurück, nehmen von ihrem Erbe wieder
Besitz. Ich höre schon Efraims Wehklage: „O Herr! Du züch=
tigest mich, wie ein ungelehriges Thier, nimm mich jetzt nur
wieder auf! Denn ich bereue meinen Abfall, beschämt schlage
ich mich auf die Brust, erkennend und büßend die Schmach
meiner Jugendzeit!" Und der Herr gedenkt seiner, wie eines
theueren Kindes, eines Jugendgespielen, kaum nennt Er ihn,
da erhebt sich auch sein Mitleid und Er erbarmt sich seiner.

שָׁמוֹעַ שָׁמַעְתִּי אֶפְרַיִם מִתְנוֹדֵד יִסַּרְתַּנִי וָאִוָּסֵר
כְּעֵגֶל לֹא לֻמָּד הֲשִׁיבֵנִי וְאָשׁוּבָה כִּי אַתָּה יְהֹוָה
אֱלֹהָי: כִּי־אַחֲרֵי שׁוּבִי נִחַמְתִּי וְאַחֲרֵי הִוָּדְעִי סָפַקְתִּי
עַל־יָרֵךְ בֹּשְׁתִּי וְגַם־נִכְלַמְתִּי כִּי נָשָׂאתִי חֶרְפַּת
נְעוּרָי: הֲבֵן יַקִּיר לִי אֶפְרַיִם אִם יֶלֶד שַׁעֲשׁוּעִים
כִּי־מִדֵּי דַבְּרִי בּוֹ זָכֹר אֶזְכְּרֶנּוּ עוֹד עַל־כֵּן הָמוּ מֵעַי
לוֹ רַחֵם אֲרַחֲמֶנּוּ נְאֻם־יְהֹוָה :

יוֹם כִּפּוּר (מוּסָף)

(יְשַׁעְיָה 57, 14—21; 58, 1—14.)

וְאָמַר סֹלּוּ־סֹלּוּ פַּנּוּ דָרֶךְ הָרִימוּ מִכְשׁוֹל מִדֶּרֶךְ
עַמִּי : כִּי כֹה אָמַר רָם וְנִשָּׂא שֹׁכֵן עַד וְקָדוֹשׁ שְׁמוֹ
מָרוֹם וְקָדוֹשׁ אֶשְׁכּוֹן וְאֶת־דַּכָּא וּשְׁפַל רוּחַ לְהַחֲיוֹת
רוּחַ שְׁפָלִים וּלְהַחֲיוֹת לֵב נִדְכָּאִים : כִּי לֹא לְעוֹלָם
אָרִיב וְלֹא לָנֶצַח אֶקְצוֹף כִּי־רוּחַ מִלְּפָנַי יַעֲטוֹף
וּנְשָׁמוֹת אֲנִי עָשִׂיתִי :

Ebnet, ebnet den Weg, entfernet jeden Anstoß vom Pfade meines Volkes. Denn so spricht der Hocherhabene, ewig Thronende, dessen Name heilig ist: So wahr Ich heilig und erhaben throne, Ich belebe den Geist der Gebeugten und Demüthigen, denn Ich streite nicht ewiglich, zürne nicht für immer, wenn nur in Demuth sich hüllet Geist und Seele, die Ich erschaffen. — Weil Israel eigennützig, habsüchtig war, zürnte Ich ihm und schlug es, nun es in sich gegangen und Ich den Wandel seines Herzens, seine Wege gebessert sah, will Ich es auch heilen, leiten und trösten. Des Schöpfers Lippen entströmt Frieden, dem Nahen, den Fernen, allen, die Ich heilen will die Missethäter aber erbeben wie das aufgewühlte Meer, das nicht ruhen kann, dessen Wellen stets Schlamm und Moder aufwühlen und kein Frieden sei mit ihnen — Jetzt aber, jetzt kannst du noch immer deine Stimme mit Macht erheben und meinem Volke seine Sünde und Frevel vorwerfen. Wohl befragen sie Mich täglich, wohl wünschen sie meine Wege zu erkennen gleich einem Volke, das das Rechte zu thun, Gottes Gebote zu üben vermeint, befragen, als suchten sie das Recht, Gottes Nähe: „Warum fasten wir, Du aber magst es nicht sehen, kasteien uns, doch Du erkennst es nicht?" Wahrlich! Ihr findet am Fasten Vergnügen, um damit euere Gewissens-

11*

biſſe zu unterdrücken! Ihr faſtet ja nur, um dann zu zanken,
mit der Bosheit Fauſt einander anzufallen, nicht aber, um von
Mir erhört zu werden. Meint ihr, darin beſtehe mein auser=
wählter Faſttag, daß ihr Trauerkleider anlegt, euere Köpfe
gleich dem Rohre ſchüttelt? Faſten allein genügt nicht! Löſet
der Bosheit Feſſeln, zerreißet die Bande der Tücke, entlaſſet
frei die Sklaven, theilet euer Brot mit dem Hungrigen, nehmet
die Bedrängten freundlich auf, kleidet die Dürftigen, dann
leuchtet dem Morgen gleich dein Licht, dann kömmt bald deine
Heilung, dann wandelſt du der Tugend nach und Gottes Herr=
lichkeit nimmt dich auf, dann erhört dein Flehen der Herr;
ſo du Frevel, Sünde, Eigennuß aus beiner Mitte entfernſt,
dann leitet dich der Herr, erquickt deine Seele, erfriſcht deine
Kräfte, daß du gleicheſt dem waſſerreichſten Garten, deſſen
Quell nie verſiegt, dann werden durch dich die Pfeiler der Welt
errichtet, du wirſt genannt: „Dämmer des Einbruches," „Wie=
berherſteller feſter Pfade." — So du am Sabbathe ruhſt, an
meinem Feſte nicht arbeiteſt, und im Ruhetage Gott ehrſt,
dann findeſt du Wonne beim Herrn und zu unermeßlicher Höhe
erhebt Er dich, genießen wirſt du das Erbe deiner Urväter.

וּבָנוּ מִמְּךָ חָרְבוֹת עוֹלָם מוֹסְדֵי דוֹר־וָדוֹר
תְּקוֹמֵם וְקֹרָא לְךָ גֹּדֵר פֶּרֶץ מְשׁוֹבֵב נְתִיבוֹת לָשָׁבֶת:
אִם־תָּשִׁיב מִשַּׁבָּת רַגְלֶךָ עֲשׂוֹת חֲפָצֶךָ בְּיוֹם קָדְשִׁי
וְקָרָאתָ לַשַּׁבָּת עֹנֶג לִקְדוֹשׁ יְהוָה מְכֻבָּד וְכִבַּדְתּוֹ
מֵעֲשׂוֹת דְּרָכֶיךָ מִמְּצוֹא חֶפְצְךָ וְדַבֵּר דָּבָר: אָז
תִּתְעַנַּג עַל־יְהוָה וְהִרְכַּבְתִּיךָ עַל בָּמוֹתֵי אָרֶץ
וְהַאֲכַלְתִּיךָ נַחֲלַת יַעֲקֹב אָבִיךָ כִּי פִּי יְהוָה דִּבֵּר:

יוֹם כִּפּוּר (מִנְחָה).

(Jona 1—3.)

וַיְהִי דְבַר־יְהוָֹה אֶל־יוֹנָה בֶן־אֲמִתַּי לֵאמֹר׃
קוּם לֵךְ אֶל־נִינְוֵה הָעִיר הַגְּדוֹלָה וּקְרָא עָלֶיהָ כִּי־
עָלְתָה רָעָתָם לְפָנָי׃ וַיָּקָם יוֹנָה לִבְרֹחַ תַּרְשִׁישָׁה
מִלִּפְנֵי יְהוָֹה וַיֵּרֶד יָפוֹ וַיִּמְצָא אֳנִיָּה ׀ בָּאָה תַרְשִׁישׁ
וַיִּתֵּן שְׂכָרָהּ וַיֵּרֶד בָּהּ לָבוֹא עִמָּהֶם תַּרְשִׁישָׁה
מִלִּפְנֵי יְהוָֹה׃

Als der Prophet Jona den Untergang der sündigen Stadt Niniveh verkünden sollte, da beschlich ihn Furcht vor dem Befehle des Herrn und er flüchtete mit einem Schiffe gen Tarschisch. Doch ein Sturm erhob sich und das Schiff drohte zu branden; die Schiffer warfen alles Gepäck aus dem Schiffe, um es zu erleichtern, doch es nützte nichts. Da beschlossen sie Loße zu werfen, wer von den Leuten vielleicht die Schuld an diesem Unheile trage. Das Los fiel auf Jona. Ergrimmt frug ihn die Mannschaft: „Woher kommst du, was ist dein Handwerk?" Er aber antwortete: „Ich bin ein Hebräer, fürchte den Herrn, den Schöpfer des Himmels und der Erde!" Dann erzählte er ihnen die Ursache seiner Flucht und sprach: „Werfet mich ins Wasser, daß ihr gerettet seid!" Als die Männer sahen, daß jedes Bemühen zu ankern vergebens sei, ergriffen sie den Jona und warfen ihn ins Meer. Umdräut von Gefahren betete da Jona: „Herr der Welt! In meiner Noth, aus dem Kreise der Unterwelt flehe ich Dich an, erhöre mich! Aus Innere des Meeres warfst Du mich, daß Ströme mich umgeben, Deine Wellen und Wogen über mich herstürzen! Wohl verdiene ich von Dir verstoßen zu werden, dennoch blicke ich hoffend zu Dir empor. Schon bringen mir die Wasser ans Herz, schon umfaßt mich der Abgrund, schon sinke ich zu der Berge Wurzeln, in der Erde tiefsten Ver-

ſchluß, — hebe mich wieder heraus, Du mein Leben, mein Gott!
In Gram gehüllt denk' ich an Dich und bete zu Dir; die nach
Tand ſtreben, die verläßt deine Huld, doch ich will Dir Dank
ſagen, will Dich lobpreiſen, mein Helfer, mein Gott!" — Und
ſiehe, durch ein Wunder ward Jona gerettet. Dann zog er
auch gleich gen Niniveh und ſprach zu ihren Bewohnern: „Bald
werdet ihr wegen euerer Sünden untergehen!" Sie glaubten
ſeinen Worten, legten Trauerkleider an, ſelbſt der König faſtete
und ſank in den Staub; und ſie beſſerten ſich, ließen ab von
ihren gewaltthätigen Handlungen, in der Hoffnung, Verzeihung
zu erlangen. Als der Herr ihre Bekehrung ſah, da zog Er zurück ſeinen vernichtenden Rathſchluß. — Jona aber traf ſchweres
Unheil und er flehte in ſeinem Grame, daß der Herr, der
in ſeiner Gnade ihn ſo oft errettet, ſeine Seele zu ſich rufen
möge. Dann ging er hinaus vor die Stadt, ſetzte ſich in den
Schatten eines blätterreichen Strauches und freute ſich der
nützlichen Pflanze, darauf kam ein Sturm, entblätterte den
Strauch, daß der Sonne Gluth ihn peinigte und er rief:
„Wäre ich doch ſchon todt!" Da hörte er eine Stimme rufen:
Gräme dich nicht, daß deine Botſchaft ſich nicht erfüllte, denn
ſiehe, dich bauert ja dieſer entblätterte Strauch, den doch du
nicht gepflanzt und großgezogen haſt, und es ſollte der Herr
einer großen Stadt Sich nicht erbarmen, in der ſo viel Men=
ſchenleben wohnt?!

וַיֹּאמֶר אֱלֹהִים אֶל־יוֹנָה הַהֵיטֵב חָרָה־לְךָ עַל־
הַקִּיקָיוֹן וַיֹּאמֶר הֵיטֵב חָרָה לִי עַד־מָוֶת: וַיֹּאמֶר
יְהֹוָה אַתָּה חַסְתָּ עַל־הַקִּיקָיוֹן אֲשֶׁר לֹא־עָמַלְתָּ בּוֹ
וְלֹא גִדַּלְתּוֹ שֶׁבִּן־לַיְלָה הָיָה וּבִן־לַיְלָה אָבָד: וַאֲנִי
לֹא אָחוּס עַל־נִינְוֵה הָעִיר הַגְּדוֹלָה אֲשֶׁר יֶשׁ־בָּהּ
הַרְבֵּה מִשְׁתֵּים־עֶשְׂרֵה רִבּוֹ אָדָם אֲשֶׁר לֹא־יָדַע
בֵּין־יְמִינוֹ לִשְׂמֹאלוֹ וּבְהֵמָה רַבָּה:

יוֹם רִאשׁוֹן שֶׁל סֻכּוֹת.

(Sacharja 14, 1—21.)

הִנֵּה יוֹם בָּא לַיהוָה וְחֻלַּק שְׁלָלֵךְ בְּקִרְבֵּךְ :
וְאָסַפְתִּי אֶת־כָּל־הַגּוֹיִם ׀ אֶל־יְרוּשָׁלַ͏ִם לַמִּלְחָמָה
וְנִלְכְּדָה הָעִיר וְנָשַׁסּוּ הַבָּתִּים וְהַנָּשִׁים תִּשָּׁגַלְנָה
וְיָצָא חֲצִי הָעִיר בַּגּוֹלָה וְיֶתֶר הָעָם לֹא יִכָּרֵת מִן־
הָעִיר : וְיָצָא יְהוָה וְנִלְחַם בַּגּוֹיִם הָהֵם כְּיוֹם הִלָּחֲמוֹ
בְּיוֹם קְרָב :

Siehe, es kommt der Tag des Herrn, da wird man
deine Beute, o Jerusalem! in deiner Mitte theilen, denn gegen
Jerusalem ziehen alle Völker zum Krieg, erobern die Stadt,
zerstören die Häuser, entweihen Familien, führen die Hälfte
ihrer Bewohner in Gefangenschaft, die andere bleibt arm und
dürftig in der Stadt. — Einst aber wird der Herr auch gegen
diese Völker streiten, wie ehedem. Und ein Erdbeben wird den
Oelberg erschüttern, zerreißt ihn in der Mitte, daß ihr fliehen
werdet, wie zur Zeit des Königs Usijja, da das Erdbeben das
Land erzittern machte, und verdunkelt wird der Sonne und des
Mondes heller Schein; an diesem besonderen Tage wird nicht
unterschieden werden zwischen Tag und Nacht, nur die helle
Gluth wird den Abend beleuchten, Wasser wird plötzlich in Jerusalem emporquellen und lange Zeit fließen. Dann wird das
Land Gott als seinen Herrscher anerkennen und Einziger wird
Er genannt, das Land verwandelt sich dann in ein herrliches
Gefilde und sicher wird Jerusalem ruhen, die Feinde aber werden verwesen, ein grauenhaftes Ende nehmen, werden einander
bekämpfen, vernichten und all ihre Habe, ihr Reichthum soll
in Jerusalem angesammelt werden. Der Rest der Nationen aber
zieht jedes Jahr nach Jerusalem, dort das Laubhüttenfest gemeinsam zu begehen, vor dem Herrn sich niederzuwerfen; die

es aber nicht thun, die verzehrt die Pest und untergehen sollen
sie zur Sühne, daß sie den Herrn und seine Feste nicht anerkennen wollen. Zu jener Zeit wird ganz Jerusalem, jedes Ge-
räth in ihr dem Herrn geweiht sein, Fremde sollen nimmer in
ihr hausen.

זֹאת תִּהְיֶה חַטַּאת מִצְרָיִם וְחַטַּאת כָּל־הַגּוֹיִם
אֲשֶׁר לֹא יַעֲלוּ לָחֹג אֶת־חַג הַסֻּכּוֹת: בַּיּוֹם הַהוּא
יִהְיֶה עַל־מְצִלּוֹת הַסּוּס קֹדֶשׁ לַיהוָה וְהָיָה הַסִּירוֹת
בְּבֵית יְהוָה כַּמִּזְרָקִים לִפְנֵי הַמִּזְבֵּחַ: וְהָיָה כָּל־סִיר
בִּירוּשָׁלַם וּבִיהוּדָה קֹדֶשׁ לַיהוָה צְבָאוֹת וּבָאוּ כָּל־
הַזֹּבְחִים וְלָקְחוּ מֵהֶם וּבִשְּׁלוּ בָהֶם וְלֹא־יִהְיֶה כְנַעֲנִי
עוֹד בְּבֵית־יְהוָה צְבָאוֹת בַּיּוֹם הַהוּא:

יוֹם שֵׁנִי שֶׁל סֻכּוֹת.

(Könige I. 8, 2—21.)

וַיִּקָּהֲלוּ אֶל־הַמֶּלֶךְ שְׁלֹמֹה כָּל אִישׁ יִשְׂרָאֵל
בְּיֶרַח הָאֵתָנִים בֶּחָג הוּא הַחֹדֶשׁ הַשְּׁבִיעִי: וַיָּבֹאוּ
כֹּל זִקְנֵי יִשְׂרָאֵל וַיִּשְׂאוּ הַכֹּהֲנִים אֶת־הָאָרוֹן: וַיַּעֲלוּ
אֶת אֲרוֹן יְהֹוָה וְאֶת־אֹהֶל מוֹעֵד וְאֶת־כָּל־־כְּלֵי
הַקֹּדֶשׁ אֲשֶׁר בָּאֹהֶל וַיַּעֲלוּ אוֹתָם הַכֹּהֲנִים וְהַלְוִיִּם:

Ganz Israel hatte sich versammelt im siebenten Monate,
am Laubhüttenfeste in Jerusalem, um die Bundeslade aus der
Zionsstadt in den Tempel zu bringen. In der Lade waren die
zwei Steintafeln, auf denen die zehn Gebote aufgezeichnet waren.
Als auch die Opfer dargebracht waren und die Priester ihre
Dienste vollzogen hatten, da sprach Salomo: „So habe ich
denn die Stätte zu Deinem ewigen Sitze, o Herr! erbaut!"
Dann wandte er sich dem Volke zu und segnete es. Darauf
betete er wieder und sprach: „Gelobt seiest Du, o Herr! der
Du meines Vaters Versprechen durch mich erfüllen ließest. Als
mein Vater dies Haus wollte errichten lassen, da sprachst Du
zu ihm: Wohl habe Ich bis heute keinen Namen, keine Stadt,
kein Haus auserwählt, wo allein Mir gedient werden soll,
doch weil du dies göttliche Ziel dir gestellt, so soll es deinem
Sohne gegeben sein, das Gotteshaus Israels zu errichten. Des
Herrn Wort ging nun in Erfüllung, auf dem Throne meines
Vaters ward ich gesetzt und habe dein Haus gebaut; da sei
nun auch die Lade geborgen, in der aufgezeichnet ist der Bund,
den Du, o Herr! mit unseren Vätern geschlossen hast, als Du
aus Egypten sie geführt!"

רַק אַתָּה לֹא תִבְנֶה הַבָּיִת כִּי אִם־בִּנְךָ הַיֹּצֵא
מֵחֲלָצֶיךָ הוּא־יִבְנֶה הַבַּיִת לִשְׁמִי: וַיָּקֶם יְהֹוָה אֶת־

דִּבְּרוֹ אֲשֶׁר דִּבֵּר וָאָקֻם תַּחַת דָּוִד אָבִי וָאֵשֵׁב | עַל־
כִּסֵּא יִשְׂרָאֵל כַּאֲשֶׁר דִּבֶּר יְהֹוָה וָאֶבְנֶה הַבַּיִת לְשֵׁם
יְהֹוָה אֱלֹהֵי יִשְׂרָאֵל: וָאָשִׂים שָׁם מָקוֹם לָאָרוֹן
אֲשֶׁר־שָׁם בְּרִית יְהֹוָה אֲשֶׁר כָּרַת עִם־־אֲבֹתֵינוּ
בְּהוֹצִיאוֹ אֹתָם מֵאֶרֶץ מִצְרָיִם :

שְׁמִינִי עֲצֶרֶת.

(קönige I. 8, 54—66.)

וַיְהִי ! כְּכַלּוֹת שְׁלֹמֹה לְהִתְפַּלֵּל אֶל־יְהֹוָה אֵת
כָּל־הַתְּפִלָּה וְהַתְּחִנָּה הַזֹּאת קָם מִלִּפְנֵי מִזְבַּח יְהֹוָה
מִכְּרֹעַ עַל בִּרְכָּיו וְכַפָּיו פְּרֻשׂוֹת הַשָּׁמָיִם : וַיַּעֲמֹד
וַיְבָרֶךְ אֵת כָּל־קְהַל יִשְׂרָאֵל קוֹל גָּדוֹל לֵאמֹר :
בָּרוּךְ יְהֹוָה אֲשֶׁר נָתַן מְנוּחָה לְעַמּוֹ יִשְׂרָאֵל כְּכֹל
אֲשֶׁר דִּבֵּר לֹא נָפַל־דָּבָר אֶחָד מִכֹּל דְּבָרוֹ הַטּוֹב
אֲשֶׁר דִּבֶּר בְּיַד מֹשֶׁה עַבְדּוֹ :

Nachdem Salomo den Tempel mit Opfer und Gebet ein-
geweiht hatte, erhob er sich von den Knien und segnete die
versammelten Israeliten mit folgenden Worten : „Gelobt seist
Du Herr, der Du sichere Ruhe deinem Volke gegeben, jedes
Deiner durch Mosche verheißenen Worte erfüllst hast. Verlasse
auch uns nicht, wie Du unsere Väter nicht verlassen und verstoßen hast, daß unser Herz sich Dir zuneige, deine Gebote,
Rechte und Gesetze zu beobachten ; führe Du aus die Ange-
legenheiten deines Knechtes, deines Volkes, damit erkennen
alle Nationen, daß Du der Einzige bist, außer Dir gibt es
keinen und daß ihr mit vollem Herzen dem Herrn angehöret,
Ihm dienet, wie heute." Darauf brachte der König Opfer dar
in großer Zahl, so daß der Altar an diesem Tage zu klein
war, alle Opferstücke aufzunehmen ; darauf feierte das ganze
Volk vierzehn Tage hindurch das Einweihungs- und Laubhüttenfest ; am achten Tage nach Schluß des Laubhüttenfestes beschenkte der König das Volk und entließ es fröhlich gestimmt
ob der Gnade Gottes, die der Herr dem Königshause David
erwiesen.

בַּיּוֹם הַהוּא קִדַּשׁ הַמֶּלֶךְ אֶת־תּוֹךְ הֶחָצֵר אֲשֶׁר
לִפְנֵי בֵית־יְהֹוָה כִּי עָשָׂה שָׁם אֶת־הָעֹלָה וְאֶת־
הַמִּנְחָה וְאֵת חֶלְבֵי הַשְּׁלָמִים כִּי מִזְבַּח הַנְּחֹשֶׁת
אֲשֶׁר לִפְנֵי יְהֹוָה קָטֹן מֵהָכִיל אֶת־הָעֹלָה וְאֶת
הַמִּנְחָה וְאֵת חֶלְבֵי הַשְּׁלָמִים : וַיַּעַשׂ שְׁלֹמֹה בָעֵת־
הַהִיא ׀ אֶת הֶחָג וְכָל־יִשְׂרָאֵל עִמּוֹ קָהָל גָּדוֹל מִלְּבוֹא
חֲמָת ׀ עַד־נַחַל מִצְרַיִם לִפְנֵי יְהֹוָה אֱלֹהֵינוּ שִׁבְעַת
יָמִים וְשִׁבְעַת יָמִים אַרְבָּעָה עָשָׂר יוֹם : בַּיּוֹם הַשְּׁמִינִי
שִׁלַּח אֶת־הָעָם וַיְבָרְכוּ אֶת־הַמֶּלֶךְ וַיֵּלְכוּ לְאָהֳלֵיהֶם
שְׂמֵחִים וְטוֹבֵי לֵב עַל כָּל־הַטּוֹבָה אֲשֶׁר עָשָׂה יְהֹוָה
לְדָוִד עַבְדּוֹ וּלְיִשְׂרָאֵל עַמּוֹ :

———

שִׂמְחַת תּוֹרָה.

(Josua 1, 1—18.)

וַיְהִי אַחֲרֵי מוֹת מֹשֶׁה עֶבֶד יְהֹוָה וַיֹּאמֶר יְהֹוָה
אֶל יְהוֹשֻׁעַ בִּן־נוּן מְשָׁרֵת מֹשֶׁה לֵאמֹר: מֹשֶׁה עַבְדִּי
מֵת וְעַתָּה קוּם עֲבֹר אֶת־הַיַּרְדֵּן הַזֶּה אַתָּה וְכָל־
הָעָם הַזֶּה אֶל־הָאָרֶץ אֲשֶׁר אָנֹכִי נֹתֵן לָהֶם לִבְנֵי
יִשְׂרָאֵל: כָּל־מָקוֹם אֲשֶׁר תִּדְרֹךְ כַּף־רַגְלְכֶם בּוֹ
לָכֶם נְתַתִּיו כַּאֲשֶׁר דִּבַּרְתִּי אֶל־מֹשֶׁה:

Nach dem Tode Mosches sprach der Herr zu Josua,
dem Knappen Mosches: Mein Knecht ist gestorben, nun er=
hebe dich! ziehe du mit dem Volke in das Land, das Ich ihm
verheißen. Denn jedes Fleckchen Erde, das ihr betretet, gebe
Ich euch. Von der Wüste an, vom Libanon bis zum Euphrat,
bis zum großen Meere dehnen sich euere Grenzen. Keiner hat
Bestand vor dir, wie ich mit Mosche gewesen, so will Ich auch
mit dir sein, schwäche und verlasse dich nicht. Doch mußt du
aber auch dich wappnen, alle meine Lehren zu erfüllen, die Ich
Mosche geboten, davon weder rechts noch links abzuweichen,
dich Tag und Nacht mit ihnen zu beschäftigen, sie auszuüben,
denn nur dann glückt dir auch Alles, dann hast du nicht zu
fürchten und zu zagen, denn Ich bin mit dir. — Und Josua
ließ dem Volke verkünden, daß es sich bereit halte, nach drei
Tagen über den Jordan zu ziehen und das Land in Besitz zu
nehmen. Und zu den drei Stämmen Reuben, Gad, Manasse
sprach Josua: „Ihr gedenket doch der Worte Mosches, der
euch erlaubte hier diesseits des Jordans sich anzusiedeln, doch
nur, wenn ihr selbst gewaffnet mit eueren Brüdern ziehet und
ihnen helfet, bis auch sie den ihnen von Gott zugewiesenen Theil
erobert haben, dann erst dürfet ihr zu eueren zurückgelassenen
Familien und Heerden wieder kehren." Sie antworteten: „Was

wir verfprochen haben, wollen wir auch ausführen, wie wir Mosche gehorchten, so folgen wir auch deinem Befehle, möge dir nur Gott auch so wie Mosche helfen! Tod Allen, die widerspenstig sich zeigen, deine Worte geringschätzen, bleibe du nur tapfer und heldenmüthig!"

וַיַּעֲנוּ אֶת־יְהוֹשֻׁעַ לֵאמֹר כֹּל אֲשֶׁר־צִוִּיתָנוּ
נַעֲשֶׂה וְאֶל־כָּל־אֲשֶׁר תִּשְׁלָחֵנוּ נֵלֵךְ: כְּכֹל אֲשֶׁר־
שָׁמַעְנוּ אֶל־מֹשֶׁה כֵּן נִשְׁמַע אֵלֶיךָ רַק יִהְיֶה יְהוָֹה
אֱלֹהֶיךָ עִמָּךְ כַּאֲשֶׁר הָיָה עִם־מֹשֶׁה: כָּל־אִישׁ
אֲשֶׁר־יַמְרֶה אֶת־פִּיךָ וְלֹא יִשְׁמַע אֶת־דְּבָרֶיךָ לְכֹל
אֲשֶׁר־תְּצַוֶּנּוּ יוּמָת רַק חֲזַק וֶאֱמָץ:

———

יוֹם רִאשׁוֹן שֶׁל פֶּסַח.

(Josua 5, 2—15; 6, 1—27.)

בָּעֵת הַהִיא אָמַר יְהֹוָה אֶל־יְהוֹשֻׁעַ עֲשֵׂה לְךָ
חַרְבוֹת צוּרִים וְשׁוּב מֹל אֶת־בְּנֵי־יִשְׂרָאֵל שֵׁנִית:
וַיַּעַשׂ־לוֹ יְהוֹשֻׁעַ חַרְבוֹת צוּרִים וַיָּמָל אֶת־בְּנֵי
יִשְׂרָאֵל אֶל־גִּבְעַת הָעֲרָלוֹת: וְזֶה הַדָּבָר אֲשֶׁר־מָל
יְהוֹשֻׁעַ כָּל־הָעָם הַיֹּצֵא מִמִּצְרַיִם הַזְּכָרִים כֹּל |
אַנְשֵׁי הַמִּלְחָמָה מֵתוּ בַמִּדְבָּר בַּדֶּרֶךְ בְּצֵאתָם
מִמִּצְרָיִם:

Vierzig Jahre lang wanderten die Israeliten in der Wüste
herum, bis jenes ungehorsame Geschlecht ausstarb, das der Herr
aus Egypten geführt, dem Er geschworen, ihnen nicht das Land
zu zeigen, das Er ihren Vätern verheißen, das reich gesegnete
Land. Erst das kommende Geschlecht zog ein in das heilige Land
und der Herr sprach zu Josua: Jetzt erst habe ich von euch
ganz abgeschüttelt die Schmach Egyptens. In Gilgal war der
Israeliten erstes Lager und sie feierten da das Pesachfest und
genossen zum ersten Male die Früchte des Landes; seit dieser
Zeit fiel kein Manna mehr zu Boden, denn sie hatten den Er=
trag des heiligen Bodens. Als sie gen Jericho zogen, da sah
Josua plötzlich einen Mann vor sich stehen, mit gezücktem Schwerte
gewaffnet. Als Josua ihn frug: „Gehörst du zu uns oder unseren
Feinden?" Da antwortete die Erscheinung: „Ich bin ein Bote
des Herrn! Entblöße deine Füße, denn der Ort, auf welchem
du stehst, ist heilig!" Josua that also. Seit jener Stunde ver=
breitete sich der Ruf Josuas im Land und die Stadt Jericho
schloß sich zur Gegenwehr fest ein, daß Keiner ein und aus
konnte.

וַיֹּאמֶר שַׂר־צְבָא יְהוָה אֶל־יְהוֹשֻׁעַ שַׁל־נַעַלְךָ
מֵעַל רַגְלֶךָ כִּי הַמָּקוֹם אֲשֶׁר אַתָּה עֹמֵד עָלָיו קֹדֶשׁ
הוּא וַיַּעַשׂ יְהוֹשֻׁעַ כֵּן: וִירִיחוֹ סֹגֶרֶת וּמְסֻגֶּרֶת
מִפְּנֵי בְּנֵי יִשְׂרָאֵל אֵין יוֹצֵא וְאֵין בָּא: וַיְהִי יְהוָה
אֶת־יְהוֹשֻׁעַ וַיְהִי שָׁמְעוֹ בְּכָל־הָאָרֶץ:

יוֹם שֵׁנִי שֶׁל פֶּסַח.

(Könige II. 23, 1—25.)

וַיִּשְׁלַח הַמֶּלֶךְ וַיַּאַסְפוּ אֵלָיו כָּל־זִקְנֵי יְהוּדָה
וִירוּשָׁלָם : וַיַּעַל הַמֶּלֶךְ בֵּית־יְהֹוָה וְכָל־אִישׁ יְהוּדָה
וְכָל יֹשְׁבֵי יְרוּשָׁלַם אִתּוֹ וְהַכֹּהֲנִים וְהַנְּבִיאִים וְכָל־
הָעָם לְמִקָּטֹן וְעַד גָּדוֹל וַיִּקְרָא בְאָזְנֵיהֶם אֶת־כָּל־
דִּבְרֵי סֵפֶר הַבְּרִית הַנִּמְצָא בְּבֵית יְהֹוָה : וַיַּעֲמֹד
הַמֶּלֶךְ עַל־הָעַמּוּד וַיִּכְרֹת אֶת־הַבְּרִית | לִפְנֵי יְהֹוָה
לָלֶכֶת אַחַר יְהֹוָה וְלִשְׁמֹר מִצְוֹתָיו וְאֶת־עֵדְוֹתָיו וְאֶת־
חֻקֹּתָיו בְּכָל־לֵב וּבְכָל־נֶפֶשׁ לְהָקִים אֶת־דִּבְרֵי
הַבְּרִית הַזֹּאת הַכְּתֻבִים עַל־הַסֵּפֶר הַזֶּה וַיַּעֲמֹד
כָּל־הָעָם בַּבְּרִית :

Der König Josijja ließ alle Aeltesten Judas, alles Volk
nach Jerusalem berufen. Dort zog er mit dem ganzen Volke,
den Priestern, den Propheten zum Tempel und las der Ver=
sammlung die Thora vor und schwur, Gott nachzuwandeln, seine
Vorschriften und Gebote zu beobachten und dies mit ganzer
Seele zu thun; das Volk folgte seinem Schwure und legte das=
selbe Gelöbnis ab. Dann befahl der König, alle Tempelgeräthe,
die für Götzen bestimmt waren, herauszuschaffen und sie zu ver=
brennen. So ließ er alle Götzenbilder, alle Gehäuse der Götzen
verbrennen, die Anhöhen zerstören und die Priester der Götzen
ließ er nicht im Tempel dienen. Sodann gebot der König das
Pesachfest zu begehen, wie es die heilige Schrift anordnet. Es
war dies Pesachfest das erste seit den Tagen der Richter, kein
Herrscher hatte es bis zu dieser gefeiert. — Er rottete weiter
jede Zauberei, Tobtenbeschwörung, Zeichendeutung aus, wie auch

alle Bilder und Statuen der Götzen, um zu erfüllen Gottes
Geheiß, wie er es in der Thora gelesen. Ein solch' gottesfürchtiger
König war nicht vorher, der so mit vollem Herzen und Ver=
mögen, mit ganzer Seele danach strebte, dem Herrn zu dienen;
aber auch nach ihm kam kein ähnlicher.

כִּי אִם־בִּשְׁמֹנֶה עֶשְׂרֵה שָׁנָה לַמֶּלֶךְ יֹאשִׁיָּהוּ
נַעֲשָׂה הַפֶּסַח הַזֶּה לַיהֹוָה בִּירוּשָׁלָ͏ִם: וְגַם אֶת־
הָאֹבוֹת וְאֶת־הַיִּדְּעֹנִים וְאֶת־הַתְּרָפִים וְאֶת־הַגִּלֻּלִים
וְאֵת כָּל־הַשִּׁקֻּצִים אֲשֶׁר נִרְאוּ בְּאֶרֶץ יְהוּדָה
וּבִירוּשָׁלַ͏ִם בִּעֵר יֹאשִׁיָּהוּ לְמַעַן הָקִים אֶת־דִּבְרֵי
הַתּוֹרָה הַכְּתֻבִים עַל־הַסֵּפֶר אֲשֶׁר מָצָא חִלְקִיָּהוּ
הַכֹּהֵן בֵּית יְהֹוָה: וְכָמֹהוּ לֹא־הָיָה לְפָנָיו מֶלֶךְ אֲשֶׁר
שָׁב אֶל־יְהֹוָה בְּכָל־לְבָבוֹ וּבְכָל־נַפְשׁוֹ וּבְכָל־מְאֹדוֹ
בְּכֹל תּוֹרַת מֹשֶׁה וְאַחֲרָיו לֹא־קָם כָּמֹהוּ:

יוֹם שְׁבִיעִי שֶׁל פֶּסַח.

(Samuel II 22, 1—55.)

וַיְדַבֵּר דָּוִד לַיהֹוָה אֶת־דִּבְרֵי הַשִּׁירָה הַזֹּאת
בְּיוֹם הִצִּיל יְהֹוָה אֹתוֹ מִכַּף כָּל־אֹיְבָיו וּמִכַּף שָׁאוּל:
וַיֹּאמַר יְהֹוָה סַלְעִי וּמְצֻדָתִי וּמְפַלְטִי־לִי: אֱלֹהֵי צוּרִי
אֶחֱסֶה־בּוֹ מָגִנִּי וְקֶרֶן יִשְׁעִי מִשְׂגַּבִּי וּמְנוּסִי מֹשִׁעִי
מֵחָמָס תֹּשִׁעֵנִי:

Danklied Davids, als ihn der Herr aus der Hand seiner Feinde errettete: Herr! Mein Fels und meine Burg, auf den ich vertraue, mein Schild und Heil, mein Hort und meine Zuflucht, preisend rufe ich Dich an, der von Feinden mich errettest. Wenn Todesbrandungen mich umstürmen, die Bande der Unterwelt mich umringen, in der Noth rufe ich Dich an, o Herr! und Du erhörst mich. Es wankt und bebt die Erde, es erzittern die Himmel, wenn dein Zorn entbrennt. — Der Herr erhebt seine Stimme, sendet seine Pfeile und verwirrt die Feinde. So hilft Er mir im Streite mit Widersachern, die mächtiger sind als ich; sie überfielen mich am Tage meines Sturzes, doch Du warst meine Stütze, befreitest mich, vergaltest mir nach meinem Rechte, meiner Lauterkeit gemäß, denn ich habe des Herrn Wege und Vorschriften gewahrt, wich nicht ab von seinen Satzungen hütete mich vor Sünde — und Du erweisest Dich ja gütig dem Edlen, dem Helden und Reinen, stehst bei dem gedrücktem Volke, so bist Du auch mein Licht, du erhellst mein Dunkel, durch Dich ermuthigt, zersprenge ich Schaaren, übersteige Mauern. — O Herr! gibt es denn außer Dir noch einen Gott? außer Dir einen andern Hort? Der Herr ist meine Veste, verleiht mir Kraft, übt meine Hände zum Kriege, schenkt mir den Schild seines Heiles, weitet meine Schritte, daß ich nicht wanke, sondern die Feinde vertreibe, vertilge, sie aufreibe, zerschmettere, daß sie vor meinen Füßen hinfallen! Du, o Herr! beugst meine Widersacher, daß ich sie vernichte und zertrete. Du rettest mich aus den Fehden meines Volkes, bewahrst mich zum Haupte der Nationen, daß die Fremden, schlaff geworden, mir heucheln und schmeicheln. Darum Heil Dir, mein Hort! Gepriesen seist Du, mein Schutz! Der mich über meine Widersacher erhebt, mich rettet vom Manne der rohen Gewalt, Dich preise ich, Dir singe ich unter den Völkern, denn Du bist das Sieges= wahrzeichen Deines Königs, erweisest Gnade Deinem Gesalbten David und seinen Nachkommen für alle Zeiten.

וּמוֹצִיאִי מֵאֹיְבָי וּמִקָּמַי תְּרוֹמְמֵנִי מֵאִישׁ חֲמָסִים
תַּצִּילֵנִי: עַל־כֵּן אוֹדְךָ יְהֹוָה בַּגּוֹיִם וּלְשִׁמְךָ אֲזַמֵּר:
מִגְדּוֹל יְשׁוּעוֹת מַלְכּוֹ וְעֹשֶׂה־חֶסֶד לִמְשִׁיחוֹ לְדָוִד
וּלְזַרְעוֹ עַד־עוֹלָם:

יוֹם אַחֲרוֹן שֶׁל פֶּסַח.

(Jesaia 10, 32—34; 11, 1—16; 12, 1—6.)

עוֹד הַיּוֹם בְּנֹב לַעֲמֹד יְנֹפֵף יָדוֹ הַר בֵּית־צִיּוֹן
גִּבְעַת יְרוּשָׁלָם: הִנֵּה הָאָדוֹן יְהוָה צְבָאוֹת מְסָעֵף
פֻּארָה בְּמַעֲרָצָה וְרָמֵי הַקּוֹמָה גְּדֻעִים וְהַגְּבֹהִים
יִשְׁפָּלוּ: וְנִקַּף סִבְכֵי הַיַּעַר בַּבַּרְזֶל וְהַלְּבָנוֹן בְּאַדִּיר
יִפּוֹל:

Meint auch der Feind in seinem Siegeslaufe unaufhaltsam
vorzubringen und hebt er auch seine Hand verächtlich gegen
Jerusalems Hügel, der Herr wird gleich einem Beile, die blü=
henden Zweige niederhauen, fällt die hochragenden Stämme, das
unter seinem Stahl die Aeste des Feindesheeres, dieses Wal=
des, stürzen, der Libanon mit Getöse sinke. — Einst aber ent=
sprießt dem Stamme Davids ein Sprößling, aus seinen Wur=
zeln keimt ein Sproß, den der göttliche Geist beseelen wird,
der der Weisheit und Einsicht, des Rathes, der Kraft, der
Erkenntnis und Gottesfurcht. Und dieser wird nicht nach dem
Augenscheine, nach dem ersten Gerüchte urtheilen, sondern gibt
dem Armen sein Recht, entscheidet billig dem Dürftigen, züch=
tigt und streckt nieder den Missethäter; mit Gerechtigkeit um=
gürtet er sich und mit wahrer Treue. In jener Zeit wird der
Wolf mit dem Lamme, der Leopard mit zahmen Thieren zu=
sammen hausen, wilde Thiere und Hausthiere werden gemeinsam
weiden, und ein Kind soll sie leiten können, kein Verderben,
kein Schaden ereilt meinen heiligen Berg, denn voll wird das
Land von Erkenntnis Gottes sein und Alles einigt sich darin,
wie die Ströme im Meere. Die Völker aber werden zu diesem
Sproß hineilen, werden ihn aufsuchen, der ehrenvoll und
sicher thronen wird. An diesem Tage versammelt wieder der
Herr den Ueberrest seines Volkes aus der Mitte aller fremden
Nationen, lest auf die Zerstreuten und Verstoßenen imb nicht

wird Israel sich neidisch gegenseitig bekriegen, sondern vereint werden sie die Feinde von ihren Grenzen abwehren und sie vernichten. Wieder wird der Herr das Meer trocken legen, die Flüsse spalten, daß sie ebene Pfade seinem Volke seien, wie zur Zeit, da Er sie aus Egypten geführt. Dann wird Israel danken dem Herrn, der wohl gezürnt, doch seinen Grimm wieder besänftigt und sein Volk tröstet. Israel wird ausrufen: „Auf Gott, meinen Helfer, vertraue ich, ohne Zagen, mein Sieg, mein Saitenspiel ist Er, meine einzige Rettung." Schöpfen werden Alle aus den Quellen des Heils und sprechen: „Danket dem Herrn, preiset seinen Namen, seine Thaten vor den Völkern; gedenket Seiner, denn Hocherhabener ist sein Name; singet Ihm, denn Mächtiges hat Er vollzogen, kund sei es der ganzen Erde. Du aber, Zion, jauchze und juble, denn groß ist in deiner Mitte der Heilige Israels, der Herr!"

וַאֲמַרְתֶּם בַּיּוֹם הַהוּא הוֹדוּ לַיהוָה קִרְאוּ בִשְׁמוֹ הוֹדִיעוּ בָעַמִּים עֲלִילֹתָיו הַזְכִּירוּ כִּי נִשְׂגָּב שְׁמוֹ: זַמְּרוּ יְהוָה כִּי גֵאוּת עָשָׂה מוּדַעַת זֹאת בְּכָל־הָאָרֶץ: צַהֲלִי וָרֹנִּי יוֹשֶׁבֶת צִיּוֹן כִּי־גָדוֹל בְּקִרְבֵּךְ קְדוֹשׁ יִשְׂרָאֵל:

יוֹם רִאשׁוֹן שֶׁל שָׁבוּעוֹת.

(Ezechiel 1, 1—28; 3, 12.)

וַיְהִי ו בִּשְׁלֹשִׁים שָׁנָה בָּרְבִיעִי בַּחֲמִשָּׁה לַחֹרֶשׁ
וַאֲנִי בְתוֹךְ הַגּוֹלָה עַל־נְהַר כְּבָר נִפְתְּחוּ הַשָּׁמַיִם
וָאֶרְאֶה מַרְאוֹת אֱלֹהִים: בַּחֲמִשָּׁה לַחֹרֶשׁ הִיא הַשָּׁנָה
הַחֲמִישִׁית לְגָלוּת הַמֶּלֶךְ יוֹיָכִין: הָיֹה הָיָה דְבַר־
יְהוָה אֶל־יְחֶזְקֵאל בֶּן־בּוּזִי הַכֹּהֵן בְּאֶרֶץ כַּשְׂדִּים
עַל־נְהַר כְּבָר וַתְּהִי עָלָיו שָׁם יַד יְהוָה:

In der Gefangenschaft, am Bache Kewar, in Babylon,
sah der Prophet Ezechiel folgende Erscheinung: Ich sah einen
Sturmwind von Norden herziehen, furchtbare Wolken, zuckende
Blitze und in Mitten dieses Feuers die Gestalten von vier
Thieren, die zusammen Menschengestalt annahmen. Jedes dieser
Thiere hatte ein vierfaches Antlitz, ihre Füße waren gerade
gestreckt und ihre Fußballen leuchteten wie Erz; sie hatten auch
Krallen und Flügel, die mit einander verbunden waren, so
daß sie nur gemeinsam sich bewegen konnten; bald sahen sie
aus wie Menschen, bald wie Löwen, dann dem Stiere und
dem Adler gleich. Sie erschienen, als brannten sie im Feuer,
wie in Fackelbeleuchtung aus ihrer Mitte heraus und Blitze
flogen daraus empor und dem Blitze gleich jagten auch die
Thiere hin und wieder. Zu Füßen der Thiere sah ich Räder,
eines in's andere gefügt. Die Größe der Thiere war uner-
meßlich und ihre Rücken waren besäet mit Augen. Wie sich
die Thiere bewegten, so auch die Räder, ja, sie schwangen sich
mit denselben auch in die Lüfte. Oberhalb der Thiere sah die
Himmelswölbung aus, wie ein furchtbares Eisgefilde. Und ich
hörte den Schlag der Flügel, wie das Branden von Meeres-
wogen, wie Getöse in einem Kriegslager; so sie aber stille

ftunden, wurden auch bie Flügel ſchlaff. Unb über bieſer Eis=
becke ſah ich bie Form eines koſtbaren Thrones, barauf
eine menſchliche Geſtalt unb allen Seiten bieſer Geſtalt ent=
ſtrömt Feuer unb helles Licht; gleich bem Regenbogen, war
bieſe Erſcheinung ber göttlichen Herrlichkeit. Als ich all' bies
ſah, fiel ich zu Boben unb hörte nur noch eine Stimme rau=
ſchen unb als ich mich wieder aufraffte, ba vernahm ich ein
Sturmesbrauſen, als entferne ſich bie Herrlichkeit Gottes von
ber Stätte, wo ich ſie geſehen.

וָאֵרֶא ׀ כְּעֵין חַשְׁמַל כְּמַרְאֵה־אֵשׁ בֵּית־־לָהּ
סָבִיב מִמַּרְאֵה מָתְנָיו וּלְמַעְלָה וּמִמַּרְאֵה מָתְנָיו
וּלְמַטָּה רָאִיתִי כְּמַרְאֵה אֵשׁ וְנֹגַהּ לוֹ סָבִיב׃ כְּמַרְאֵה
הַקֶּשֶׁת אֲשֶׁר יִהְיֶה בֶעָנָן בְּיוֹם הַגֶּשֶׁם כֵּן מַרְאֵה
הַנֹּגַהּ סָבִיב הוּא מַרְאֵה דְּמוּת כְּבוֹד־יְהֹוָה וָאֶרְאֶה
וָאֶפֹּל עַל־פָּנַי וָאֶשְׁמַע קוֹל מְדַבֵּר׃
וַתִּשָּׂאֵנִי רוּחַ וָאֶשְׁמַע אַחֲרַי קוֹל רַעַשׁ גָּדוֹל
בָּרוּךְ כְּבוֹד יְהֹוָה־מִמְּקוֹמוֹ׃

יוֹם שֵׁנִי שֶׁל שָׁבוּעוֹת.

(Chabakuk 3, 1—19.)

תְּפִלָּה לַחֲבַקּוּק הַנָּבִיא עַל שִׁגְיֹנוֹת: יְהֹוָה,
שָׁמַעְתִּי שִׁמְעֲךָ יָרֵאתִי יְהֹוָה פָּעָלְךָ בְּקֶרֶב שָׁנִים
חַיֵּיהוּ בְּקֶרֶב שָׁנִים תּוֹדִיעַ בְּרֹגֶז רַחֵם תִּזְכּוֹר:
אֱלוֹהַּ מִתֵּימָן יָבוֹא וְקָדוֹשׁ מֵהַר־פָּארָן סֶלָה כִּסָּה
שָׁמַיִם הוֹדוֹ וּתְהִלָּתוֹ מָלְאָה הָאָרֶץ:

Gebet des Propheten Chabakuk: O Herr! Deinen Ruhm
habe ich erkannt, ich hege Ehrfurcht vor Deinem Werke, das
Du im Laufe der Jahre zu Stande gebracht und kund damit
der Welt gegeben, Du seist auch im Zorne allbarmherzig. —
Als der Herr vor Israel zog, die Himmel voll seiner Pracht,
die Welten voll seines Ruhmes waren, sein Licht der Sonne
gleich strahlte, angeflammt von seiner Hand, und seine Macht
in Israel sich hüllte, als vor ihm Pest, nach ihm Feuer zog,
— da wankte der Erdball, Nationen schwanden, uralte Gebirge zerschellten, mächtige Hügel sanken — vor seinem ewig
währenden Walten. In Todesangst waren die Zelte der Völker,
— ob er im Strome seinen Grimm zeigt oder im Meere, ob
er im Schlachtenkriege mit Rossen oder Pfeilen kämpft. — Er
bringt Verheerung, daß Flüsse entsprudeln der berstenden Erde,
Berge zittern, Ströme überfließen aus der Tiefe, aus der Höhe
furchtbare Töne bringen. Ja, Sonne, Mond werden verdunkelt,
beim Leuchten Deiner jagenden Pfeile, beim Aufflammen Deines
Blitzes. Denn zornig schreitest Du über die Erde, zermalmst
Völker, denn zur Hilfe Deines Volkes ziehst Du aus, Deines
Gesalbten; zerschmetterst das Haupt der Frevler, zerstörst ihrer
Veste Grund, sammt ihren Giebeln, durchbohrst die Häupter
der Horden, die stürmend kommen, Israel zu zerstreuen, die froh-
lockend den Armen im Dunkeln vernichten wollen. — Als ich
Deine Wunderthaten, o Herr! vernahm, daß Du durch Meere,

burch hochaufgethürmte Wogen zogſt, ba erzitterte ich, meine
Lippen bebten, ich krümmte mich unb ſchauberte! Wie könnte
ich auch ruhig ſein, gebenkenb beß Tages ber Noth, ber ba
kömmt, mein Volk zu zerſtören? Wirb boch weber Oelbaum,
noch Weinſtock blühen, bie Halme tragen keine Früchte unb
ſchwinben werben bie Heerben vor Mangel an Nahrung. —
Trotz allebem iſt Gott meine Freube, mein Jubel, mein Heil,
meine Kraft; Er führt mich behenb auf bie Anhöhen, Ihm
mit meinem Saitenſpiele Lob zu ſingen.

כִּי--תְאֵנָה לֹא--תִפְרַח וְאֵין יְבוּל בַּגְּפָנִים
כִּחֵשׁ מַעֲשֵׂי--זַיִת וּשְׁדֵמוֹת לֹא--עָשָׂה אֹכֶל גָּזַר
מִמִּכְלָה צֹאן וְאֵין בָּקָר בָּרְפָתִים: וַאֲנִי בַּיהֹוָה
אֶעֱלוֹזָה אָגִילָה בֵּאלֹהֵי יִשְׁעִי: יְהֹוִה אֲדֹנָי חֵילִי
וַיָּשֶׂם רַגְלַי כָּאַיָּלוֹת וְעַל--בָּמוֹתַי יַדְרִכֵנִי לַמְנַצֵּחַ
בִּנְגִינֹתָי:

Die Haphtaroth
der Fasttage.

לְתַעֲנִית.

(Jefaia 55, 6—13; 56, 1—8.)

דִּרְשׁוּ יְהֹוָה בְּהִמָּצְאוֹ קְרָאֻהוּ בִּהְיוֹתוֹ קָרוֹב :
יַעֲזֹב רָשָׁע דַּרְכּוֹ וְאִישׁ אָוֶן מַחְשְׁבֹתָיו וְיָשֹׁב אֶל־
יְהֹוָה וִירַחֲמֵהוּ וְאֶל־אֱלֹהֵנוּ כִּי־יַרְבֶּה לִסְלוֹחַ : כִּי
לֹא מַחְשְׁבוֹתַי מַחְשְׁבוֹתֵיכֶם וְלֹא דַרְכֵיכֶם דְּרָכָי
נְאֻם יְהֹוָה :

Suchet so den Herrn, daß Er sich sinden lasse, rufet ihn so, daß Er nahe sei: Es verlasse der Böse seinen Weg, der Frevler seine tückischen Pläne, kehrt er so zu Gott zurück, dann erbarmt der Herr Sich seiner, denn Er ist allvergebend. — Denn nicht wie die der Menschen, sind die Rathschlüsse des Herrn, nicht gleiche Wege haben sie, wie Himmel und Erde, so entfernt sind sie von einander. Gleich wie der Regen zur Erde fällt und erst, nachdem er den Boden getränkt, die Saat aufkeimen läßt, wieder gen Himmel steigt, so fallen auch die Worte des Herrn nicht vergebens zu Boden, führen seinen Willen aus, erfüllen ihre Sendung. So verkünden jetzt die Worte des Herrn, daß Israel einst in Freude und Jubel aus und ein= ziehen wird, entgegenjauchzen werden ihm die Hügel und die Bäume des Feldes — doch müsset ihr vorerst, so spricht der Herr, das Recht wahren und ausüben, dann ist meine Hilfe nahe, dann offenbart sich mein Heil. — Heil dem Menschen, der Recht übt, den Sabbath nicht entweiht, nichts Böses im Schilde führt. Selbst dem Fremden, der sein Volk verlassen und den Einzigen anerkennt, meinen Sabbath hält, fest hält an meinem Bunde, dem setzte Ich in meinen Mauern ein Denkmal, dankbarer als Söhne und Töchter, einen ewigen, unvertilgbaren Namen stifte Ich ihm. Alle Fremde, die dem Herrn sich anschließen, seine Knechte sein wollen, bringe Ich an meinen heiligen Zionsberg, erfreue sie mit meinem Tempel, nehme wohlgefällig ihre Opfer an, denn mein Haus sei das Gotteshaus aller Völker — so spricht der Herr, der Israel's Vertriebene wieder versammelt.

וּבְנֵי הַנֵּכָר הַנִּלְוִים עַל־יְהֹוָה לְשָׁרְתוֹ וּלְאַהֲבָה
אֶת־שֵׁם יְהֹוָה לִהְיוֹת לוֹ לַעֲבָדִים כָּל־שֹׁמֵר שַׁבָּת
מֵחַלְּלוֹ וּמַחֲזִיקִים בִּבְרִיתִי: וַהֲבִיאוֹתִים אֶל־הַר
קָדְשִׁי וְשִׂמַּחְתִּים בְּבֵית תְּפִלָּתִי עוֹלֹתֵיהֶם וְזִבְחֵיהֶם
לְרָצוֹן עַל־מִזְבְּחִי כִּי בֵיתִי בֵּית־תְּפִלָּה יִקָּרֵא לְכָל־
הָעַמִּים: נְאֻם אֲדֹנָי יֱהֹוִה מְקַבֵּץ נִדְחֵי יִשְׂרָאֵל
עוֹד אֲקַבֵּץ עָלָיו לְנִקְבָּצָיו:

תִּשְׁעָה בְּאָב.

(Jeremia 8, 13—23; 9, 1—23.)

אָסֹף אֲסִיפֵם נְאֻם־יְהֹוָה אֵין עֲנָבִים בַּגֶּפֶן וְאֵין
תְּאֵנִים בַּתְּאֵנָה וְהֶעָלֶה נָבֵל וָאֶתֵּן לָהֶם יַעַבְרוּם:
עַל־מָה אֲנַחְנוּ יֹשְׁבִים הֵאָסְפוּ וְנָבוֹא אֶל־עָרֵי
הַמִּבְצָר וְנִדְּמָה־שָּׁם כִּי יְהֹוָה אֱלֹהֵינוּ הֲדִמָּנוּ וַיַּשְׁקֵנוּ
מֵי־רֹאשׁ כִּי חָטָאנוּ לַיהֹוָה: קַוֵּה לְשָׁלוֹם וְאֵין טוֹב
לְעֵת־מַרְפֵּה וְהִנֵּה בְעָתָה:

Vernichten will Ich Jsrael, so spricht der Herr, gebe ihnen keine Frucht am Weinstocke, am Oelbaume, welken sollen die Blätter und was Ich ihnen schon gegeben, entschwindet. — „Darum lasset in festen Städten uns versammeln und dort verstummen, denn der Herr hat uns der Sprache beraubt, gab uns den Kelch der Wermuth, da wir an Ihm sich versündigten. Wir hofften auf Frieden und es kam Unheil, Heilung, doch es kam Schrecken: schon hören wir das Lärmen der Feindesrosse, von ihrem Getöse erbebt das Land, nun kommen sie und entreißen uns den Boden, seine Früchte, Städte sammt ihren Bewohnern; Schlangen und Ottern entsendet der Herr wider uns, die man nicht beschwören kann, daß sie uns verwunden; — zum Kummer, zum kranken Herzen kömmt auch dies noch plötzlich an uns heran!" — Horch! Aus fernen Gegenden wehklagt Jsrael: „Ist denn Gott nicht in Zion, ihr Herrscher nicht da?" Doch, warum erzürnten sie Mich mit ihren fremden Nichtigkeiten? — Sommer= und Herbsternte ist vorüber und noch immer keine Hilfe! Gebrochen ist mein Herz ob der Zerrüttung meines Volkes, Entsetzen ergreift mich, — gibt es denn kein Heilmittel, keinen Arzt in Gileab, warum kann mein Volk nicht geheilt werden? O! Wäre doch mein Haupt, mein Auge eine Thränenquelle, daß ich Tag und Nacht über die Gefallenen meines Volkes weinen könnte! Doch wär' ich lieber in einer

Wüstenhütte, verließe gerne mein Volk, nicht zu sehen, wie
sittenverderbt und verworfen sie alle sind. Ihre Zunge richten
sie mir auf Lüge, gebrauchen ihre Macht nicht ehrlich, gehen
von einer schlimmen That zu andern, den Herrn aber kennen
sie nicht. Es vertraut nicht ein Bruder dem andern, vor Freun=
den muß man sich hüten, denn Alle sind falsch und Späher,
belügen einander, sprechen keine Wahrheit, sie trachten nur nach
Verbrechen, List ist ihr Wohnsitz, Gotteserkenntniß weigern sie
anzunehmen. Wie soll sie da der Herr nicht prüfen und läutern?!
Auf ihren Lippen tragen sie Schmeichelworte, im Herzen Hin=
terlist und ein solches Volk soll nicht bestraft werden? — Weilen
will ich auf den Bergen, jammern in den Schäferhütten, denn
zerstört ist Alles, nicht vernimmt man den Laut der Heerde,
wegzog der Vogel wie das Thier und Jerusalem ward zum
Schutthaufen, Wohnsitz der Schakale und Judas Städte unbe=
wohnte Einöde. — O! Daß ihr doch einsehet, warum all dies
euch und das Land betroffen? Weil ihr die Lehre Gottes
verlassen habet, nicht gehorchtet, nachginget dem Uebermuthe
eueres Herzens und Götzen, die euch schon die Väter übergaben.
Darum ist Wermuth dieses Volkes Nahrung, der Herr zer=
streut sie unter die Nationen, die sie nie gekannt und das
Schwert vernichtet sie. — Rufet doch die Klageweiber und die
kundigen Frauen, daß sie kommen und jammern, von Thränen
überfließen, lasset sie wehklagen: wie sind wir zerstört, zu Schan=
den geworden, zertrümmert unsere Häuser, das Land müssen
wir verlassen! Und ihr Weiber! Lehret dies Klagelied auch
euere Töchter, eine die andere: „Der Tod kommt durch unsere
Fenster geschlichen, kommt in unsere Paläste, auszurotten Kin=
der und Jünglinge, daß entleert die Straßen bleiben " —
Wahrlich! Des Menschen Leichname werden sein wie Dünger
auf dem Felde, wie die Garbe hinter dem Schnitter, die Nie=
mand auflesen kommt. Darum merket euch des Herrn Wort:
Es brüste sich nicht der Weise mit seiner Weisheit, der Held
mit seiner Kraft, der Reiche mit seinem Vermögen, sondern
der Stolz des Mannes sei Mich zu kennen und einzusehen,
daß Ich Huld, Gnade und Recht auf der Erde ausübe und
an solchen auch Gefallen finde.

דַּבֵּר כֹּה נְאֻם־יְהֹוָה וְנָפְלָה נִבְלַת הָאָדָם כְּדֹמֶן

עַל־פְּנֵי הַשָּׂדֶה וּכְעָמִיר מֵאַחֲרֵי הַקּוֹצֵר וְאֵין מְאַסֵּף: כֹּה אָמַר יְהֹוָה אַל־יִתְהַלֵּל חָכָם בְּחָכְמָתוֹ וְאַל־ יִתְהַלֵּל הַגִּבּוֹר בִּגְבוּרָתוֹ אַל־יִתְהַלֵּל עָשִׁיר בְּעָשְׁרוֹ: כִּי אִם־בְּזֹאת יִתְהַלֵּל הַמִּתְהַלֵּל הַשְׂכֵּל וְיָדֹעַ אוֹתִי כִּי אֲנִי יְהֹוָה עֹשֶׂה חֶסֶד מִשְׁפָּט וּצְדָקָה בָּאָרֶץ כִּי־ בְאֵלֶּה חָפַצְתִּי נְאֻם יְהֹוָה:

Inhalts-Verzeichnis.

Die Haphtaroth für das erste Buch Moses:

Die Haphtaroth für besondere Sabbathe:

Die Haphtaroth der Feiertage:

Die Haphtaroth der Fasttage: